Balkonkästen

Schnelle Pflanzrezepte zum Nachmachen

HANS-PETER HAAS

Inhalt

Kästen voller Blütenträume

Das schönste Freizeitparadies liegt direkt vor der Haustür und bietet Erholung ohne langen Anreisestress verbunden mit Staus. Auch der kleinste Garten, eine Terrasse oder ein Balkon wird mit einfachen Mitteln zur erholsamen Wellness-Oase, zur jederzeit zugänglichen Fitnesszone oder zum gemütlichen Treffpunkt für Freunde und Familie. Die Outdoor-Saison beginnt eigentlich schon im März mit den ersten warmen Sonnenstrahlen und macht nur eine kurze Pause im Winter. Mit den richtigen Pflanzen und Accessoires wird auch Ihr Balkon für ein ganzes Jahr zu einem Ort, an dem man sich rundum wohl fühlen kann.

Bewährtes und Neues

In diesem Buch finden Sie fertige Rezepte zur Balkonkastenbepflanzung. Bewährtes und Neues, für jede Jahreszeit das Passende. Alle Gestaltungsvorschläge haben ihre Bewährungsprobe bereits bestanden und können direkt übernommen werden. Der Großteil der Vorschläge berücksichtigt die Sommerpflanzung, den Standort in praller Sonne bis hin zum schattigen Nordbalkon. Darüber hinaus sind die Frühlings- und Herbstbepflanzung wichtige Teilaspekte. Im Praxisteil erhalten Sie wertvolle Hinweise und Tipps zum erfolgreichen Gelingen rund um »Balkonien«. Erfolgreiches Balkongärtnern wird somit kinderleicht.

■ **Machen Sie es sich gemütlich, genießen Sie den Augenblick. Das grüne Wohnzimmer ist traumhaft geschmückt. Schöner kann sich der Sommer kaum präsentieren.**

Alle verwendeten Pflanzenarten sind als Porträt abgebildet. Die Frühlings- und Sommer- sowie die Herbstschönheiten sind gesondert zusammengefasst. Insgesamt werden 54 bewährte Pflanzenarten vorgestellt, die erstaunlich viele Kombinationsmöglichkeiten eröffnen.

Dem individuellen Kombinieren in verschiedenen Geschmacksrichtungen sind damit keine Grenze gesetzt. Ob traditionell oder modern, rustikal oder edel, oder eher romantisch, ihre Wünsche können Sie spielend leicht umsetzen.

Eine stimmungsvolle Balkongestaltung lebt nicht nur von der harmonischen Zusammenstellung der Pflanzen und den Farbkombinationen. Auch die Pflanzengefäße und raffinierte Dekorationstricks unterstreichen die persönliche Kreativität. Erlaubt ist, was gefällt!

Bevor Sie mit dem Pflanzen beginnen, machen Sie sich ein genaues Bild von der Lage Ihres Balkons und den tatsächlichen Gegebenheiten. Es ist zu klären, ob die Lichtverhältnisse ausreichen, ob die Pflanzen dem Regen ausgesetzt sind oder starkem Wind. Dies sind vorab wichtige Kriterien, um die richtige Pflanzenauswahl zu treffen. Je nach persönlichem Geschmack wählen Sie Ihre bevorzugte Farbkombination: Ton in Ton, bunt oder in starken Kontrasten.
Erlaubt ist, was gefällt!

Geschickt kombiniert, erzielen Sie pfiffige Effekte. Lassen Sie Ihrer Fantasie freien Lauf, gestalten Sie mit uns gemeinsam Ihren Balkonkasten.

Viel Spaß dabei!

Balkonkästen zum Nachpflanzen

Bewährte Kombinationen
für jeden Geschmack,
für alle Lagen
und für jede Jahreszeit.

Winter ade

Auch wenn die Tage noch richtig kalt sein können, zeigen sich die ersten Frühlingsboten und täglich werden es mehr. Mit frischem Grün, den ersten zarten Blüten und einem neuen Duft lebt man förmlich auf und spürt die belebende Frühlingskraft. Auf dem Balkon und der Terrasse halten die kräftigen Blütenfarben Einzug und laden ein die Sonnenstrahlen zu genießen.

Appetit auf Frühling

In strahlender Frühlingslaune zeigen sich die neuen Sorten der Akelei. Ihr zur Seite steht das zarte Kalmusgras und der lilafarbene Schöterich. Die absoluten Frühlingsstars sind die weißen Margeriten, die aus der Mitte dieses Kastens ein wahres Blütenmeer entfalten. Zart spitzt das rosafarbene Tausendschön hervor und zeigt seine großen, gefüllten Blüten. In dieser Pracht

20 cm

100 cm

Was Sie brauchen

1 2 × **Lakritz-Kalmus** *(Acorus gramineus)*
'Variegata', gelb-grünes Blatt

2 2 × **Schöterich** *(Erysimum*-Hybride)
'Bowle's Mauve', lila

3 1 × **Akelei** *(Aquilegia caerulea)* Spring Magic
'Marine-Weiß'

4 2 × **Stiefmütterchen** *(Viola × wittrockiana)*
Fancy 'Blau mit Auge'

5 3 × **Frühlings-Margerite**
(Leucanthemum hosmariense), weiß

6 2 × **Tausendschön** *(Bellis perennis)*
'Habanera Rosa'

Was Sie auch nehmen können

Statt **1** 2 × **Lakritz-Kalmus** *(Acorus gramineus)*
2 × **Segge** *(Carex comans)*

Statt **2** 2 × **Schötterich** *(Erysimum*-Hybriden)
2 × **Ranunkel** *(Ranunculus × asiaticus)*, lila,
rosa oder zweifarbig

reihen sich ganz vorzüglich die blauen Stiefmütterchen ein und strahlen mit den anderen um die Wette. Mit Freude begrüßen wir den Frühling und sagen dem Winter endgültig Adieu.

Wie Sie pflanzen

Unser Frühlingskasten ist sehr dicht bepflanzt, weil der Zuwachs in dieser sehr kalten Jahreszeit noch sehr gering ist. Bei der Vorauswahl der Pflanzen wird genau auf die Wuchshöhe und die passende Blütenfarbe geachtet.

Für die hintere Reihe sind marine/weißfarbene **Akeleien** vorgesehen. Die Pflanzen werden etwa 40 Zentimeter hoch, sind sehr buschig und über und über mit Blüten besetzt. Meist hat der Gärtner zwei bis drei Pflänzchen in einen großen Topf gesetzt und damit die Wirkung der Akelei zu einen ganz außergewöhnlichen Frühlingsboten verstärkt.

Das gelbgrüne **Kalmusgras** sorgt für eine lockere Gesamtdarstellung. Die verspielte Wirkung von Gräsern sollte häufiger genutzt werden. Sie sind auch in diesem Beispiel ein ganz wichtiger gestalterischer Faktor und die Balkonkästen bekommen insgesamt einen modernen Charakter.

Ganz außen zeigen sich die lilafarbenen Blüten des **Schöterich**. Die ersten Blüten sind bereits ab Mitte März geöffnet und blühen bis in den Mai hinein.

Gleiches gilt auch für die weißen **Frühlings-Margeriten**. Diese fantastischen Frühlingsblüher produzieren Blüten über Blüten über silbrigem Laub. Obwohl nur drei Pflanzen verwendet sind, wird die mittlere Pflanzebene in ein wahres Margeritenmeer verwandelt. Allein schon durch ihre Anwesenheit erhält der Kasten eine noble und ausgesprochen elegante Note.

Die tiefblauen **Stiefmütterchen,** die vorne gepflanzt sind, nehmen die Blütenfarbe der Akelei auf. Die großen dunkelblauen Blüten sind gleichzeitig ideale Partner für das rosafarbene **Tausendschön**. Die hier verwendete Sorte ist besonders großblumig und begeistert mit dicht gefüllten, feinen Strahlenblüten. Diese wunderbare farbliche Harmonie lässt sich nur erzielen, wenn die Pflanzen aufeinander abgestimmt sind. Es zeigt sich wieder einmal: Stiefmütterchen und Tausendschön sind bewährte Frühlingsklassiker mit wunderbaren Eigenschaften.

Wie Sie pflegen

Der Pflegeaufwand für eine Frühlingsbepflanzung hält sich sehr in Grenzen. Die noch kühle Wetterlage konserviert die Pflanzen geradezu und erhält ihre Pracht für lange Zeit. In der kurzen Kulturzeit von zehn bis zwölf Wochen werden nur wenige Nährstoffe benötigt. Das neue Pflanzsubstrat bietet in der Regel ausreichend Nährstoffvorrat, um die Pflanzen in dieser Jahreszeit zu versorgen. Eine gezielte Nachdüngung ist nur dann sinnvoll, wenn besonders nährstoffbedürftige Pflanzen mit im Kasten stehen. In unserem Beispiel trifft dies für den Schöterich zu, der eine Extragabe an Dünger gut vertragen könnte.

Der Wasserbedarf im Blumenkasten ist stark von der Witterung abhängig. Im Frühjahr reicht meist ein wöchentliches Gießintervall aus, um die Pflanzen in vollem Umfang zu versorgen. Viele Frühlingspflanzen, so zum Beispiel die **Akelei,** bevorzugen ein gleichmäßig feuchtes Substrat, reagieren aber empfindlich auf zu viel Wasser. Der Wasserabzug in den Pflanzgefäßen muss unbedingt gewährleistet sein.

Das gelbgrüne **Kalmusgras** verträgt auch eine Periode mit weniger Wasser, aber dies natürlich nicht auf Dauer. Damit nimmt er eher eine Ausnahmeposition ein, weil

■ Pretty in Pink – die Spring Magic-Akeleien präsentieren sich auf einer rosaroten Frühlingswolke.

mit anhaltender Trockenheit kaum ein Frühlingsblüher umgehen kann.

Um die Schönheit der Bepflanzung sehr lange auf höchstem Niveau zu erhalten, empfiehlt es sich, verwelkte Blätter oder Blüten auszuschneiden. Dieser Aufwand lohnt sich bei allen Pflanzenarten, aber besonders bei den **Frühlings-Margeriten, Stiefmütterchen** und dem **Tausendschön.** Abgestorbene oder verblühte Pflanzenteile werden zuerst von Fäulnispilzen befallen und das regelmäßige Durchputzen beugt dem vor. Wenn später der Platz auf dem Balkon für die Sommerblumen benötigt wird, können unsere Frühlingsblüher in den Garten ausgepflanzt werden.

Tipp

Die Frühlingsblüher sind grundsätzlich hart im Nehmen. Aber wo immer es möglich ist, gönnen Sie Ihren Lieblingen ein geschütztes Plätzchen, am besten unter einem Dachvorsprung oder an der Hauswand. Ihre Fürsorge wird reich belohnt werden.

Frühlingsgrüße in warmen Farben

Die Tage werden länger, die Sonne lockt hinaus ins Freie. Auf dem Balkon gibt es endlich wieder etwas zu tun. Die ersten Frühlingsboten mit ihren warmen Farben wollen in den Blumenkasten gepflanzt werden, um die neue Jahreszeit zu begrüßen. Mit frischem Grün, den ersten zarten Blüten und neuen Düften vermittelt die Natur eine belebende Frühlingskraft – die Sonne lockt hinaus ins Freie.

Unwiderstehlich charmant

Zwischen frischen Kalmusgräsern erheben sich die purpurroten Kugelprimeln und verzaubern jeden mit ihrem besonderen Charme. Die weißen Schaumblüten stehen schon in den Startlöchern und wollen ihre prächtigen Blütenkerzen nach oben schieben. Ganz vorne sitzen die orangen Stiefmütterchen und machen ein wahrlich frühlingshaftes Gesicht. Dazu gesellen sich

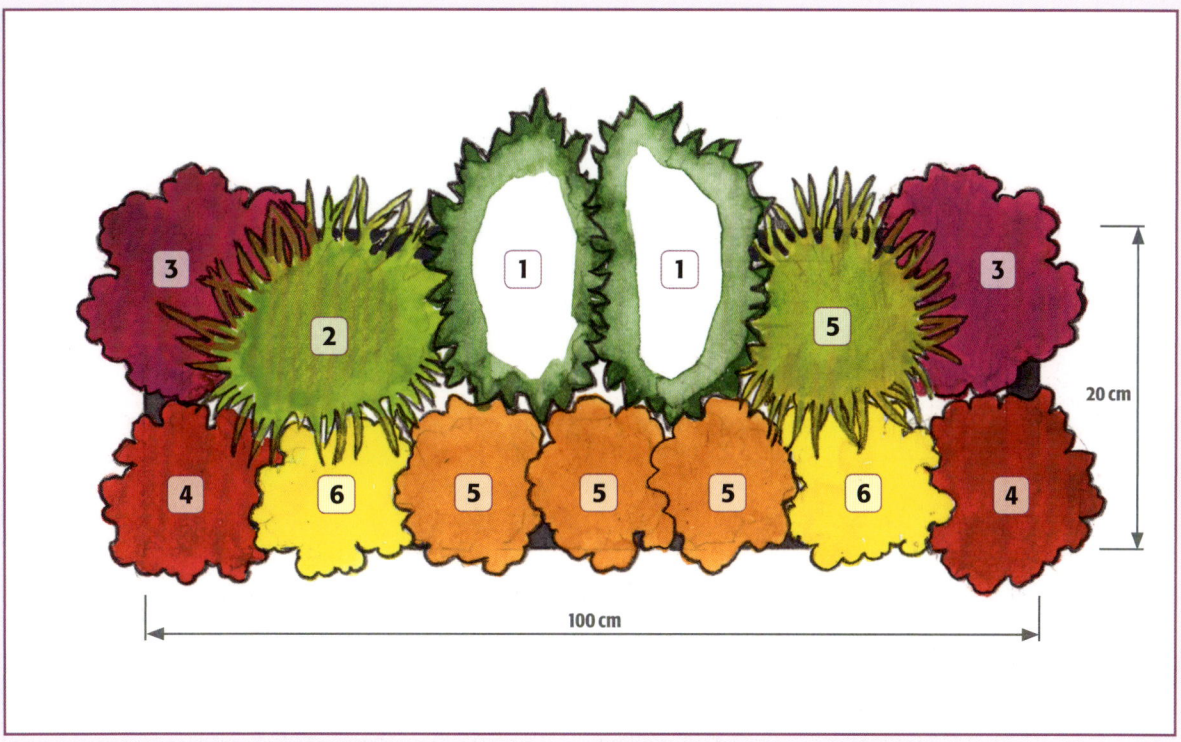

20 cm

100 cm

Was Sie brauchen

1 2 × **Schaumblüte** (*Tiarella wherryi*)
'Black Velvet', weiß

2 2 × **Lakritz-Kalmus** (*Acorus gramineus*)
'Variegata', gelb-grünes Blatt

3 2 × **Kugelprimel** (*Primula denticulata*)
'Rubin', rubinrot

4 2 × **Tausendschön** (*Bellis perennis*) 'Tasso Rot'

5 3 × **Stiefmütterchen** (*Viola × wittrockiana*)
Fancy 'Tieforange', orange

6 2 × **Kissenprimel** (*Primula vulgaris*) 'Goldgelb'

Was Sie auch nehmen können

Statt **1** 2 × Schaumblüte (*Tiarella wherryi*)
2 × **Gämswurz** (*Doronicum orientale*), gelb

Statt **3** 2 × Kugelprimel (*Primula denticulata*)
2 × **Ranunkel** (*Ranunculus × asiaticus*), rot oder gelb

Statt **6** 2 × Kissenprimel (*Primula vulgaris*)
2 × **Stängelprimel** (*Primula elatior*), gelb oder rot

■ Hier sind es die roten und lilafarbenen Stiefmütterchen, das rote Tausendschön und die gelben und roten Ranunkeln, die den Frühling grüßen.

die großen, goldgelben Kissenprimeln und die roten Knöpfe des Tausendschöns. Man spürt förmlich die gute Laune und den neuen Tatendrang.

Wie Sie pflanzen

In diesem Frühlingsarrangement finden sich eine Reihe von alten Bekannten mit einigen wertvollen Besonderheiten zusammen. Zu diesen gehören sicherlich die neuen **Schaumblüten.** Die Sorte 'Black Velvet' entwickelt eine entzückende »Schaumkrone« aus beige-weißen Einzelblüten. Aber selbst ohne Blüten könnte man diese Art gut und gerne zu den Besonderheiten zählen, weil die zahlreichen ahornförmigen Blätter sehr mar-

kant gezeichnet sind. Die Pflanzen werden im Gefäß etwa 35 Zentimeter hoch, auf dem Beet ausgepflanzt sogar noch höher. Schon aus diesem Grund gehören die Schaumblüten in die hintere Reihe.

Seitlich davon findet das **Kalmusgras** seinen Platz und schafft einen wunderbaren Übergang zur **Kugelprimel.** Diese besondere Primelart zeigt im Frühjahr zuallererst ihre fantastischen rubinroten Blütenkugeln und entwickelt erst später neue Blätter. So kommt es nicht ungelegen, wenn das Kalmusgras zwar für ein wenig Grün sorgt und sein schützendes »Blätterkleid« über alles legt, aber trotzdem die fremden Blüten wunderbar zur Geltung kommen lässt.

In der vorderen Reihe sind viele gute Freunde versammelt. Aus der Mitte leuchten die orangefarbenen **Stiefmütterchen.** Die Sorte 'Fancy Tieforange' besitzt eine beeindruckende Farbwirkung, die kaum eine andere Sorte erreicht. Daneben gesellen sich die goldgelben **Kissenprimeln.** In aller Regel werden bevorzugt spät blühende Sorten verwendet. Ganz außen ist es das pomponblütige **Tausendschön,** das in kräftigem Rot leuchtet. Die Farbwahl von Gelb, Orange und Rot verbindet warme und leuchtende Frühlingsfarben und ist damit bestens geeignet, um dem Winter auf Wiedersehen zu sagen.

Wie Sie pflegen

Alle Pflanzen in dieser Frühlingsbepflanzung sind ausgesprochen robust und pflegeleicht. Eigentlich die ideale Pflanzenkombination für alle, die wenig Zeit für die Blumenpflege aufbringen können. Das Düngen während der ersten Monate des Jahres ist nicht notwendig. Das frische Pflanzsubstrat enthält ausreichend Nährstoffe, um die Versorgung der Frühjahrsschönheiten bis zum Mai zu gewährleisten. Wer will, kann später die Schaumblüten gemeinsam mit den Kugelprimeln und dem Kalmusgras ins Staudenbeet versetzen und sich weiter daran erfreuen.

Zur routinemäßigen Pflegearbeit im Frühjahr gehört die Wasserversorgung der Pflanzen. Die meisten Frühlingsblüher bevorzugen ein gleichmäßig feuchtes Pflanzsubstrat. Mit zunehmend warmer und sonniger Witterung wird die Kontrolle immer wichtiger, da weder Trockenheit noch übermäßige Wassergaben toleriert werden. Trotzdem ist die Gießhäufigkeit in dieser Jahreszeit noch verhältnismäßig gering.

Die individuelle Pflanzenpflege beschränkt sich vorwiegend auf kosmetische Dinge. Bei der **Schaumblüte** werden nach der ersten Blüte vertrocknete Blütenstände abgeschnitten, um den wunderbaren Blattschmuck wieder in den Vordergrund zu stellen.

Bei den **Kugelprimeln** werden vor der Pflanzung die gelben Blätter des Vorjahres entfernt, nach der Blüte die eingetrockneten Blütenstände abgeschnitten.

Die Schönheitspflege für die **Stiefmütterchen, Kissenprimeln** und **Tausendschön** reduziert sich auf das Abnehmen von verblühten Blüten und abgestorbenen Blättern. Wind- und Regenschutz verbessert besonders die Haltbarkeit der großen Einzelblüten.

Der **Kalmus** kennt kein schlechtes Wetter und ist auch dann noch attraktiv, wenn sich niemand darum kümmert.

In geschützten Pflanzkästen blühen diese Arten weit über das Frühjahr hinaus. Da kann es schon mal vorkommen, dass man sich mit schweren Herzen von der Blütenpracht trennen muss, weil die Sommerpflanzen schon in den Startlöchern stehen, um endlich gepflanzt zu werden. Zum Glück kann man vieles einfach ins Blumenbeet setzen. Besonders schön blühen die ausgepflanzten Zwiebelblumen im Folgejahr.

Tipp

Die kleinblumigen Hornveilchen sind besonders witterungsstabil und reichblühende Frühlingsboten.

Der Gute-Laune-Macher

Diesem fantastischen Blütenmeer aus Orange mit roten und gelben Farbtupfern kann man einfach nicht widerstehen. Das ausgelassene Spiel mit den warmen Farben weckt die pure Lebensfreude und verbreitet gute Laune. Eigentlich eine sehr schöne Möglichkeit, den Sorgen des Alltags, zumindest für eine gewisse Zeit, zu entfliehen. Langeweile ist hier jedenfalls nicht angesagt.

Die Sympathieträger

Freundlich lacht die Kapuzinerkresse vom Balkon. Ganz unbewusst gewinnt sie allein durch ihre Ausstrahlung alle Sympathien. Die Mittagsblume öffnet ganz weit ihre großen orangen Blüten. Das zauberhafte Kapkörbchen zieht, wie selbstverständlich, alle Blicke auf sich. Zusammen mit den Zinnien entsteht eine angenehme Stimmung, bei der man sich sofort wohl fühlen muss. Wirk-

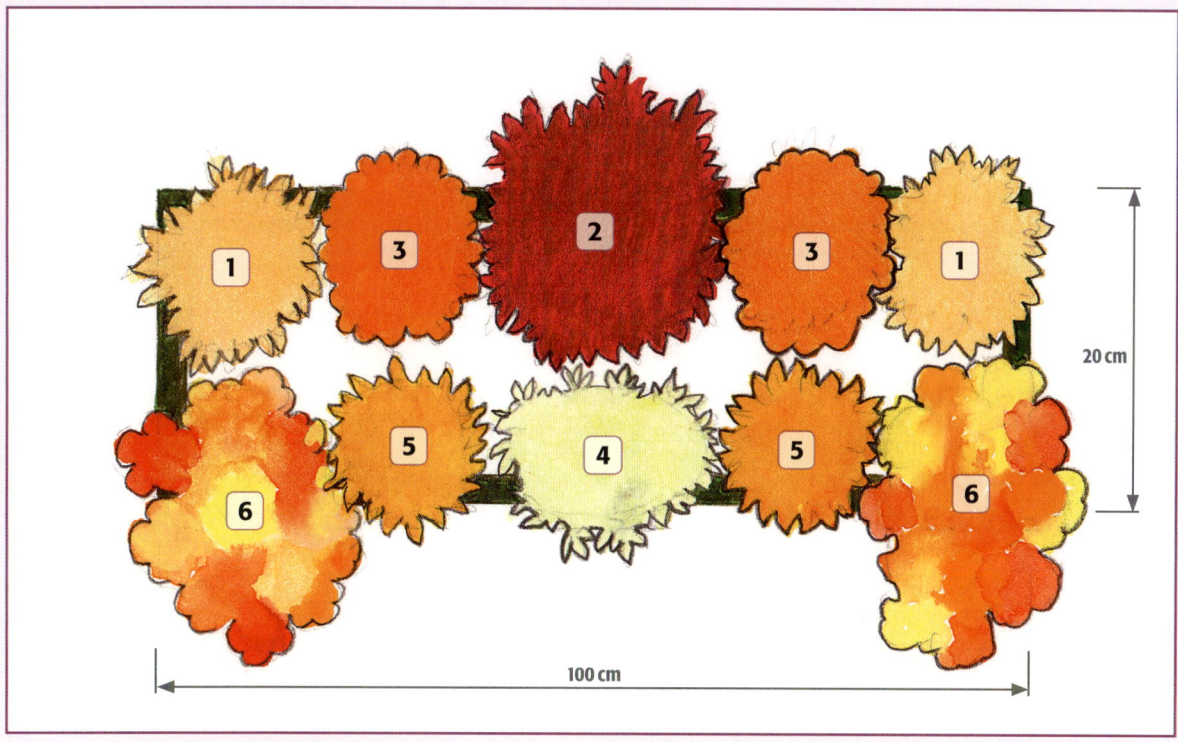

Was Sie brauchen

1 2 × **Kapkörbchen** *(Osteospermum ecklonis)* 'Orange Symphony', orange

2 1 × **Ziertabak** *(Nicotiana × sanderae)* 'Tuxedo Rot', rot

3 2 × **Zinnie** *(Zinnia angustifolia)* 'Classic', orange

4 1 × **Nachtkerze** *(Oenothera fruticosa)* 'African Sun', gelb

5 2 × **Mittagsblume** *(Gazania-Hybriden)* 'Czardas Orange', orange

6 2 × **Kapuzinerkresse** *(Tropaeolum majus)* 'Alaska', orange-gelb

Was Sie auch nehmen können

Statt **2** 1 × Ziertabak *(Nicotiana × sanderae)*, rot **1 × eine starkwachsende stehende Geranie** *(Pelargonium-*Hybriden), rot

Statt **4** 1 × Nachtkerze *(Oenothera fruticosa)* **1 × Zweizahn** *(Bidens ferulifolia)*, gelb

Statt **6** *Tropeaolum majus* 'Alaska', orange-gelb, kann auch die Sorte 'Banana Split', gelb mit roten Farbklecksen, verwendet werden; beide Sorten sind besonders empfehlenswert

■ Orange und Blau demonstrieren hier wieder einmal die fantastische Wirkung von Komplementärfarben.

lich komplett wird diese fröhliche Blütengesellschaft erst mit dem roten Tabak und der gelben Nachtkerze.

Wie Sie pflanzen

Dieser Blumenkasten wird vorwiegend in orange gepflanzt. Die »Zutaten« dafür sind zwei Pflanzen vom Kapkörbchen, zwei von der Kapuzinerkresse, zwei Mittagsblumen und zwei Zinnien. Die Anzahl der Pflanzen deutet bereits darauf hin, dass in strenger Symmetrie gepflanzt werden soll. Auf der Symmetrieachse sitzen der Tabak und die Nachtkerze.

Wie ein Fels in der Brandung erhebt sich der rote **Ziertabak** aus der hinteren Reihe. Dort dient er der optischen Orientierung und gestattet den niedrigeren Pflanzen, sich anzulehnen. Dies nutzen die schlanken **Zinnien** gerne und fühlen sich sichtlich wohl. Die zierlichen Dauerblüher erweisen sich als erstaunlich regenfest und produzieren Blüten bis zum ersten Frost. Daneben finden die **Kapkörbchen** ausreichend Platz, um sich in voller Pracht zu entwickeln. Die Symphony-Sorten sind äußerst bemerkenswerte Neuzüchtungen, die ohne Pause unermüdlich blühen. Neuerdings sind neben Orange und Gelb auch noch andere Farben verfügbar.

In der Pflanzreihe davor findet die gelbe **Nachtkerze** ihren Lieblingsplatz, um sich weit nach vorne zu lehnen. Die zitronengelben Blüten werden sich nicht nur in der Nacht, sondern auch tagsüber in ihrer ganzen Schönheit zeigen.

Für die **Mittagsblumen** ist der Platz daneben reserviert. Am besten leicht nach hinten versetzt gepflanzt, um den Kontakt zu den Zinnien und vor allem zum Tabak zu erhalten. Auf diese Art und Weise wird der Übergang zwischen den Pflanzreihen sehr gut gefunden und es ergibt sich ein harmonisches Gesamtbild.

Der **Kapuzinerkresse** bleibt der vordere Kastenrand. Ganz außen gepflanzt, werden sie zunächst noch aufrecht wachsen, aber schon bald den Wuchscharakter einer Hängepflanze annehmen und übermütig über den Kastenrand springen. Wer mag, kann die essbaren Blüten zur Dekoration in frischen Sommersalaten oder die noch jungen Knospen als Kapernersatz in der Küche verwenden.

Wie Sie pflegen

Der **Ziertabak** blüht ohne viel Pflegeaufwand zuverlässig von Mai bis in den Spätherbst. Nach dem ersten Blühhöhepunkt meist im Juli sollte man sich aber dennoch die Zeit nehmen, um die verblühten Blüten abzunehmen. Der Tabak dankt es mit einem neuen kräftigen Blütenschub.

Die einfach blühenden **Zinnien** sind im Gegensatz zu ihren gefüllt blühenden Schwestern ausgesprochen regenfest. Aber auch hier lohnt es sich, die abgeblühten Blumen zu entfernen, um die Samenbildung zu unterbinden.

Unsere verwendeten Sorten der **Kapkörbchen** sind echte Frühblüher ohne die sonst üblichen »Sommerpausen«. Hier unterscheidet sich die Symphonie-Serie

ganz erheblich von ihren Verwandten. Kapkörbchen sind, wie auch die Mittagsblumen richtige »Schlafmützen« und »Langschläfer«. Erst wenn die Sonne die »Nase kitzelt«, erwachen sie von der Nachtruhe und öffnen ihre Blüten. Also, nach Möglichkeit den Balkonkasten zur Morgensonne hin ausrichten, damit sie nicht den ganzen Morgen verschlafen.

Die **Mittagsblumen** sind pflegeleichte Zeitgenossen. Trotzdem ab und zu eine Schere zur Hand nehmen und verblühte Blumen ausschneiden, das erhält den optischen Glanz und forciert das Nachblühen.

Die **Nachtkerzen** und die **Kapuzinerkresse** sind die Pflanzenarten in diesem Balkonkasten, die erfreulicherweise ganz ohne individuelle Pflegemaßnahmen auskommen. Wenn möglich sollte man sich bei der Düngung der Kapuzinerkresse auf seinen persönlichen »grünen Daumen« verlassen. Hungrige Pflanzen produzieren Blüten über Blüten. Stark gedüngte Pflanzen präsentieren sich kräftig grün und mastig, aber die Blühfreudigkeit lässt merklich nach. Wünschenswert wäre das ausgewogene Mittelmaß, Fingerspitzengefühl eben.

Tipp

Bei der Sortenwahl von Nicotiana × sanderae muss auf die Wuchshöhe geachtet werden – aus zwei Gründen: Einerseits sollte der optische Kontakt zu den Nachbarpflanzen erhalten bleiben, andererseits erhöht sich mit zunehmender Pflanzenhöhe die Windbruchgefahr.

Ein gelbes Blütenmeer

Zitronenfrisch, jung und unbekümmert wirkt diese Blütenmischung in hellen Gelbtönen. Hier ist die »Tankstelle« für neuen Schwung, mindestens für einen ganzen Tag. Nicht einmal die Schmetterlinge können widerstehen und zählen zu den regelmäßigen Stammgästen. Auch Bienen und Hummeln lassen sich nicht abhalten und naschen gerne am süßen Blütennektar.

Der neue Trend

In strahlender Sommerlaune präsentieren sich die Strauchmargariten und die zauberhaften Kapkörbchen. Ihnen zur Seite stehen der Husarenknopf und die ganz neuen Sorten des Elfenspiegels, die nie aufhören zu blühen. Elegant schieben die Aschenranken ihre silbrig glänzenden Blätter durch das gelbe Blütenmeer und geben dem Balkonkasten die vornehme Note. Eine be-

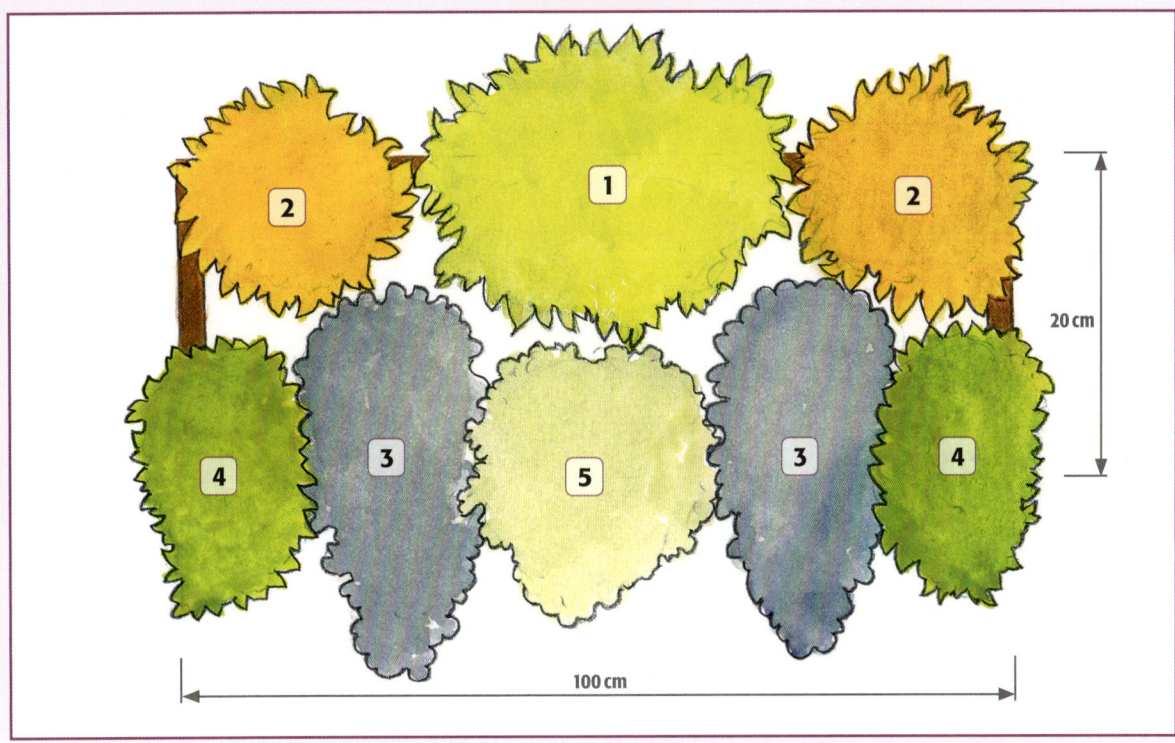

Was Sie brauchen

1 1 × **Strauchmargerite** *(Argyranthemum frutescens)* Courtyard 'Primrose Petite', zartgelb

2 2 × **Kapkörbchen** *(Osteospermum ecklonis)* 'Banana Symphony', gelb

3 2 × **Aschenranke** *(Helichrysum petiolare)* 'Mini-Silver', silber-grün

4 2 × **Husarenknopf** *(Sanvitalia procumbens)* 'Lucky Star', gelb

5 1 × **Nemesie** *(Nemesia strumosa)* 'Pinapple', creme-gelbe Mitte

Was Sie auch nehmen können

Statt **2** 2 × Kapkörbchen *(Osteospermum ecklonis)* 2 × **Studentenblume** *(Tagetes tenuifolia)*, gelb

Statt **3** 2 × Aschenranke *(Helichrysum petiolare)* 2 × **Mottenkönig** *(Plectranthus forsteri)*

Statt **5** 1 × Nemesie *(Nemesia strumosa)* 1 × **Zweizahn** *(Bidens ferulifolia)*, gelb

■ **Die gelben Nemesien haben hier ihren ganz großen Auftritt.**

sondere Wirkung erzielen diese Farbkombinationen vor dunklen Hausfassaden oder Balkonbrüstungen und versetzen in allgemeines Erstaunen.

Wie Sie pflanzen

In dieser Pflanzkombination werden bevorzugt Arten mit gelben Farbtönen verwendet. Eine gewisse Leitfunktion übernimmt die **Strauchmargerite,** die mittig in der hinteren Reihe gepflanzt wird. Die Sorte 'Primrose Petite' besticht durch eine Vielzahl von primelgelben Zungenblüten mit dunkelgelber Blütenmitte. Die Sorte verbindet alle guten Eigenschaften der Strauchmargeriten, wächst kompakt und doch breit ausladend. Die Kapkörbchensorte 'Banana Symphony' ist noch

ganz neu und ergänzt die vorhandene Serie mit der bananengelben Blütenfarbe. Besonders hervorzuheben ist der dunkelviolette leuchtende Blütenboden. Man könnte meinen, in jeder Blüte sitzt ein Edelstein. Alle Sorten dieser Serie blühen ohne vorherige kühle Temperaturen. Eine sommerliche Blühpause gibt es nicht.

In den freien Pflanzlücken im Kastenzentrum zwischen **Kapkörbchen** und Margerite wird die **Aschenranke** gesetzt. Dort findet diese tolle Strukturpflanze gute Möglichkeiten, ihre grazilen silbrig weißgrünen Triebe in alle Richtungen zu senden. In diesem Fall empfehlen wir, die Sorte 'Mini-Silver' zu verwenden, weil die starkwachsenden Sorten dieser Art zu dominant werden könnten.

Ein Blickfang in der vorderen Reihe sind die Nemesien. Der **Elfenspiegel** (Nemesie) entwickelt unzählige kleine Blüten, die an doldenartigen Trauben sitzen. Farblich wunderbar abgestimmt, schmückt sich die Sorte 'Pinnapple' im hellen cremefarbenen Festtagskleid. Von weitem ist man fast geneigt zu glauben, der kleine »Frechdachs« zeigt dem Betrachter eine gelbe Zunge.

Der **Husarenknopf** findet im vorderen Kasteneck seinen ihm angestammten Lieblingsplatz. Dort fällt es dieser Pflanze besonders leicht, ihre gelben Blütenkissen zu entwickeln und später zur Hängepflanze zu werden.

Wie Sie pflegen

Die **Strauchmargeriten** lieben, wie alle anderen Pflanzen in diesem Blumenkasten, einen warmen und sonnigen Standort. Die Grundlage für üppiges Wachstum und reiche Blütenbildung ist, wie so oft, die sorgfältige Pflege. Strauchmargeriten gehören zu den so genannten »Starkzehrern«, also zu den Pflanzen, die reichlich Wasser und vor allem regelmäßig Nahrung für sich einfordern. Nur dann zeigen sie ihren wahren Blütenreichtum. Schon eine kurze Trockenphase kann zum Eintrocknen der Knospen oder dem vorzeitigen Abblühen führen. Danach benötigen die Pflanzen eine gewisse Erholungsphase, bis die gewünschte Attraktivität wieder zurückkehrt. Nicht nur in diesem Fall lohnt es sich, die verblühten Blumen abzusammeln, um die Neuentwicklung der Pflanzen zu beschleunigen.

Die **Kapkörbchen** sind ausdauernde Blüher ohne große Ansprüche. Sie lieben die Sonne und das Licht, nur dann sind sie wirklich motiviert, ihre makellose Schönheit zu zeigen. Bei Regen oder Dunkelheit schließen die Kapkörbchen kurzerhand ihre Blüten, um sie bei Sonne wieder zu öffnen.

Der **Husarenknopf** bevorzugt ebenfalls den hellen Standort. Im Schatten bleiben die Blüten eher verborgen. Die Pflanzen bevorzugen eine ausgeglichene Wasserversorgung, dafür bieten sie bei stressfreiem Wachstum große gelbe Blumenkissen.

Die **Nemesien** lieben sonnige bis halbschattige, aber warme Plätzchen. Diese äußerst zerbrechlich wirkende Pflanze ist viel robuster als erwartet. Die Blüten erscheinen von Mai bis zu den ersten Nachtfrösten. Die neuen Sorten setzen erfreulicherweise keinen Samen an, sodass die Haltbarkeit der Einzelblüten deutlich verbessert ist. Die Blüten erscheinen ab Mai. Sollte eine Blühpause auftreten, darf ruhig auch mal gestutzt werden. Die Pflanzen danken es in jedem Fall mit neuem Austrieb und reichlich Blüten bis spät in den Herbst hinein.

Die **Aschenranke** kennt man allen widrigen Wettereinflüssen trotzend als äußerst widerstandsfähige Strukturpflanze. Wenn das Wachstum nicht zu zügeln ist, greift man notfalls zur Schere.

Tipp

Statt *Helichrysum petiolare* 'Mini-Silver' kann auch der Gundermann oder ein Mottenkönig als Strukturpflanze verwendet werden. Strauchmargeriten gedeihen am besten in voller Sonne, bei reichlich Düngung und regelmäßigen Wassergaben.

Ein Kompliment an den Sommer

Dieser Blütencocktail aus Gelb, Orange und Rot ist wie eine Liebeserklärung an den Sommer. Warm, farbenfroh und hell leuchtend zeigt sich diese Jahreszeit von ihrer allerschönsten Seite. Die Schwarzäugige Susanne klettert ausgelassen am Bambusrohr empor und lacht vergnügt aus großen orangen Blütenaugen. Die Chinanelke scheint total fasziniert zu sein vom mutigen Kletterer und schielt mit hochrotem Gesicht nach oben.

Die Mittagsblumen öffnen neugierig ihre großen orangen Blütenkelche und würden auch gerne die überragende Aussicht genießen.

Einfach außergewöhnlich
Der Zweizahn geht da eher seine eigenen Wege. Wie ein großer gelber Blütenball will er über den Kastenrand hinwegrollen. Das Sahnehäubchen ist dieses

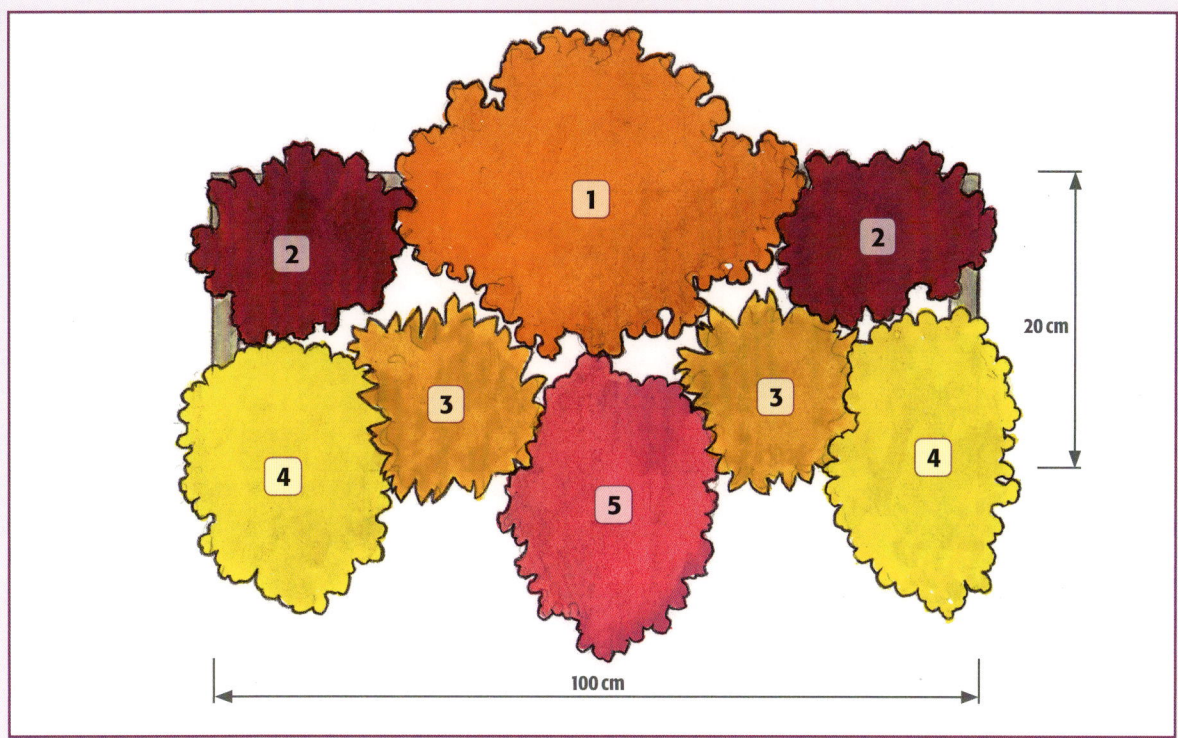

Was Sie brauchen

1 1 × **Schwarzäugige Susanne** *(Thunbergia alata)*, orange

2 2 × **Chinanelke** *(Dianthus chinensis)* 'Telstar Purple Picotee', rot

3 2 × **Mittagsblume** *(Gazania*-Hybriden) 'Kiss Orange', orange

4 2 × **Zweizahn** *(Bidens ferulifolia)* Solaire 'Star', gelb

5 1 × **Nemesie** *(Nemesia strumosa)* 'Cranberry', rot

Was Sie auch nehmen können

Statt **1** 1 × orange **Schwarzäugige Susanne** *(Thunbergia alata)* eine **gelbe Sorte**

Statt **5** 1 × Nemesie *(Nemesia strumosa)* **1 × starkwachsende hängende Geranie** *(Pelargonium*-Hybriden), rot

■ Öfter einmal was Neues – auch blühende Kletterpflanzen wie die Schwarzäugige Susanne bieten einen besonderen Blickfang im Balkonkasten.

Mal der Elfenspiegel. Wie ein purpurrotes Herz geformt, leuchten seine Traubenblüten aus der großen Pracht.

Wie Sie pflanzen

Eine Kletterpflanze im Balkonkasten ist nicht alltäglich und vielleicht deshalb der besondere Blickfang. Schon aufgrund ihres Wachstums wird die **Schwarzäugige Susanne** zur dominanten Leitpflanze. Zentral in der hinteren Reihe gepflanzt, ist sie in diesem Balkonkasten der absolute Superstar. Eine Kletterhilfe ist in jedem Fall anzuraten. In unserem Pflanzvorschlag sind es Bambusstäbe, die diese Aufgabe bestens erfüllen. Es gibt aber auch noch eine ganze Reihe von anderen Mög-

lichkeiten, zum Beispiel es künstlerisch gebundene Weidenruten, Schnurgeflechte oder Metallgitterstäbe. Der Fantasie sind dabei keine Grenzen gesetzt.

Weitere Hauptdarsteller in diesem Blumenarrangement sind die purpurroten **Chinanelken.** Die zierlichen Nelken werden ganz außen gepflanzt und verdienen eigentlich stärkere Beachtung. Die Vielzahl der Sorten ist buschig verzweigt und die fantastischen Blüten erscheinen ausdauernd bis in die kalte Jahreszeit.

Die **Mittagsblumen** werden in den Pflanzlücken der vorderen und hinteren Reihe gesetzt und erfüllen damit wichtige gestalterische Aufgaben. Einerseits unterstützen sie das dominante Orange der Schwarzäugigen Susanne in der Grundhaltung, andererseits schaffen sie den Übergang zur vorderen Pflanzreihe und geben dem aktiven Zweizahn ausreichend Möglichkeiten sich zu entwickeln.

Besonders beim **Zweizahn** muss auf die Verwendung der richtigen Sorte geachtet werden. Die stark wachsenden Typen neigen allzu gerne dazu, alles zu überwuchern. Nicht umsonst gehört diese Pflanze in ihrer Wildform zu den ungeliebten Unkräutern Südamerikas. Die Sortenbeispiele in unseren Pflanzschemen sind diesbezüglich ausgewählt. Der purpurrote **Elfenspiegel** in der vorderen Mitte korrespondiert mit den diagonal versetzt gepflanzten Nelken. Im Laufe des Sommers füllt sich ein faszinierendes samtiges Blütenpolster.

Wie Sie pflegen

Die **Schwarzäugige Susanne** ist ein überaus anspruchsloser Kletterer. Der ideale Standort für Thunbergien ist warm, hell und etwas windgeschützt. Bei regelmäßiger Wasser- und Düngerversorgung werden sie nimmer müde, den Weg nach oben zu suchen. Darüber hinaus sind die neuen stecklingsvermehrten Sorten besonders wüchsig und attraktiv. Die jährliche Wuchsleistung kann bis zu zwei Meter betragen. Da passiert es schon mal, dass die Kletterhilfe nachgebessert und verlängert werden muss.

Die **Chinanelken** bevorzugen ausreichend Nährstoffe und Wasser, aber keine Staunässe. Um sich solche unliebsamen Überraschungen zu ersparen, empfiehlt es sich, den Wasserüberlauf am Balkonkasten ab und an zu kontrollieren. Nach dem Blühhöhepunkt im Juli sollten Sie nicht zögern, die ersten verblühten Blumen auszuschneiden, um einen neuen Blütenflor einzuleiten.

Die restlichen Arten benötigen erfreulicherweise wenig Pflege. Der **Zweizahn** ist bekannt dafür, dass er selbständig auf sein Äußeres achtet. Die verblühten Blumen werden kurzerhand überwachsen und man hat nie den Eindruck, dass er eine Putzhilfe bräuchte. Dies könnte sich schlagartig ändern, wenn die Pflanzen für längere Zeit trocken stehen. Blüten und andere Pflanzenteile leiden darunter und die Regenerationsphase beansprucht erfahrungsgemäß Zeit. Besonders in voller Sonne erspart eine automatische Bewässerung viel routinemäßigen Pflegeaufwand und wirkt aus dieser Sichtweise qualitätserhaltend. Ideal ist es, die automatische Bewässerung mit der Nährstoffversorgung zu koppeln. Die **Mittagsblumen** lieben ein möglichst helles und sonniges Plätzchen und freuen sich schon aus optischen Gründen, wenn verblühte Blüten am Stielgrund abgeschnitten werden. Der **Elfenspiegel** erscheint zerbrechlich, aber weit gefehlt. Wenn er einmal seine sensible Jugendphase überstanden hat, erweist er sich als echte Bereicherung für die Balkongesellschaft und blüht bei guter Wasser- und Nährstoffversorgung den ganzen Sommer lang. Sollte sich dennoch eine Blühpause einstellen, empfiehlt sich ein Rückschnitt.

Tipp

Der ideale Standort für diesen Balkonkasten wäre die Ostseite: Morgendliche Sonne, ab Mittag wohltuender Schatten und wenn der Sommerregen aus dem Westen niederprasselt, sind die Blühschönheiten doch ein wenig geschützt. Ein Dachvorsprung wäre wunderbar.

Ein Blumengruß an die Sonne

Diese temperamentvolle Farbzusammenstellung wird einen ganzen Sommer für Furore sorgen. Schon von weitem sichtbar sticht ein Blütenmeer aus Rot und Gelb ins Auge. Es scheint, als ob Blumengrüße um die ganze Welt und weiter bis zur Sonne verschickt werden sollen. Beeindruckend ist die scheinbar grenzenlose Wuchskraft und die überschwängliche Blütenfülle.

Pure Leuchtkraft

Die feuerroten Pelargonien und Petunien sind zweifellos die Klassiker in diesem Balkonkasten, aber nach wie vor von elektrisierender Schönheit. Besonders im ländlichen Raum schmücken die roten Blütenbänder ganze Fassaden und prägen viele Ortsbilder. Um die bereits bestechende Fernwirkung zu erhöhen, werden zwei neue Partner in diese Pflanzgesellschaft aufgenommen.

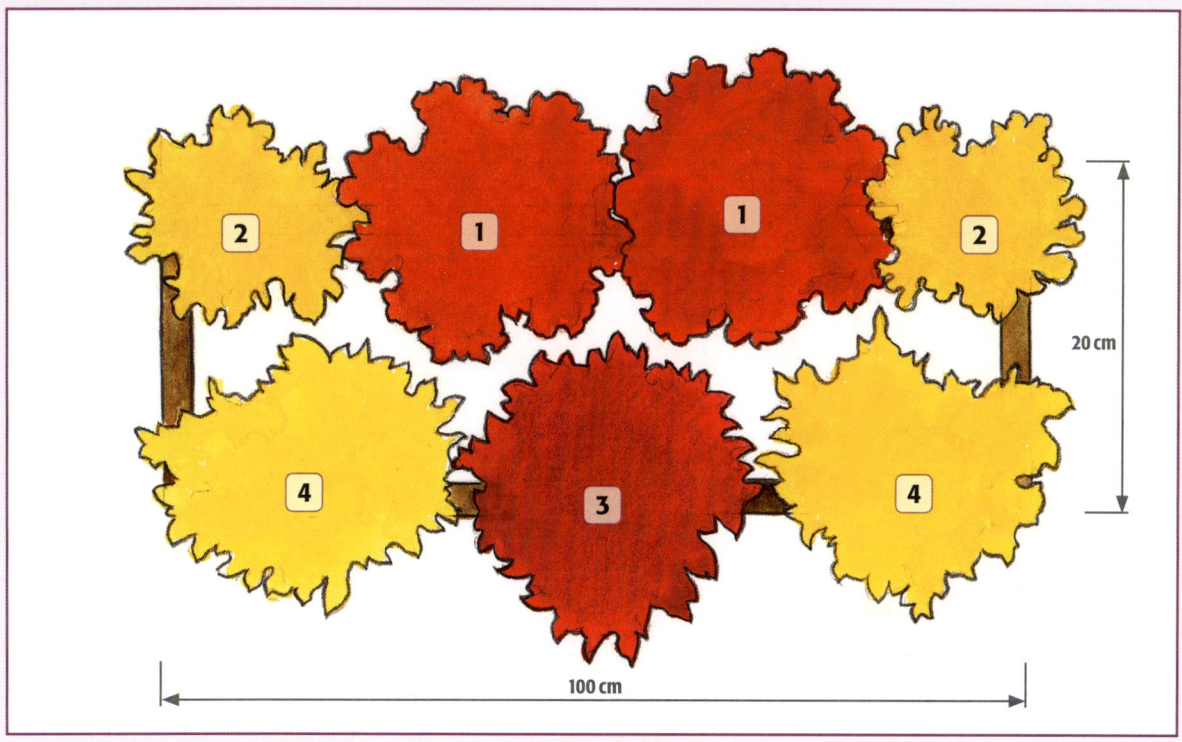

Was Sie brauchen

1 2 × **Geranie** (*Pelargonium*-Hybriden, Zonale-Gruppe) 'Grand Prix', leuchtend rot

2 2 × **Pantoffelblume** (*Calceolaria integrifolia*) 'Brigra's Elite', gelb

3 1 × **Petunie** (*Petunia*-Hybriden) Surfinia 'Rot', rot

4 2 × **Zweizahn** (*Bidens ferulifolia*) Solaire 'Compact', gelb

Was Sie auch nehmen können

Statt **2** 2 × Pantoffelblume (*Calceolaria*-Hybriden) 2 × **Strauchmargeriten** (*Argyranthemum frutescens*), gelb

Statt **3** für die vordere Pflanzreihe sind die **hängende Geranien** 'Leucht-Cascade' oder eine **blaue Petunie** ebenfalls sehr gut geeignet, wenngleich sich das Erscheinungsbild des Blumenkastens durch sie grundsätzlich ändert.

■ Pelargonien und Petunien sind äußerst zuverlässige Blüher für eine ganze Balkonsaison.

Es sind dies die leuchtend gelben Pantoffelblumen und der übermütige Zweizahn, die sich wunderbar ergänzen.

Wie Sie pflanzen

Bei dieser Pflanzung sollte auf die richtige Sortenwahl geachtet werden. Bekanntlich neigt der **Zweizahn** gerne dazu, das »Kommando« im Blumenkasten zu übernehmen und alles in seinen gelben Bann zu ziehen. Im Balkonkasten werden deshalb generell kompakt wachsende Zweizahn-Sorten gepflanzt. Zusätzlich ist es ratsam, in dieser Konstellation auf besonders robuste und vornehmlich stark wachsende Nachbarpflanzen zu achten, die sich auch während des

Sommers kräftig präsentieren. Ganz bewusst sind in unserem Pflanzvorschlag die **Pelargonien**-Sorte 'Grand Prix' und die neue Petunie Jamboree 'Rot' gewählt worden.

Durch die geschickte Anordnung der sieben Einzelpflanzen ist davon auszugehen, dass bereits der Einzelkasten eine gehörige Ausstrahlung besitzt. Mehrere solcher Balkonkästen nebeneinander sind in ihrer Fernwirkung kaum zu übertreffen.

Die Pflanzenanzahl ist in diesem Fall so gewählt, dass zu jedem Zeitpunkt ein außergewöhnlicher Blickfang geboten wird. In der hinteren Pflanzreihe werden zwei **Pantoffelblumen** und zwei stehende Pelargonien gesetzt. Schon bei der Pflanzung sollte darauf geachtet werden, dass alle Arten genügend Abstand zueinander aufweisen, damit sie sich kräftig entwickeln können. In der vorderen Reihe nutzen wir die so genannten »Pflanzlücken« und den Kastenrand, um den Lebensraum für den Zweizahn und die starkwachsende Petunie optimal zu gestalten. Mit diesem kleinen Trick ist gewährleistet, dass alle verwendeten Pflanzen ihr ganzes Potential ausschöpfen können und ein imposantes Gesamtbild ergeben.

Wie Sie pflegen

Besonders die **Pelargonien** und der **Zweizahn** bevorzugen einen Standort in voller Sonne. An schattigen Plätzen lässt die Blühfreudigkeit schnell nach und die gewohnte Blütenpracht geht verloren.

Pelargonien gehören zu den Balkonblumen mit geringem Pflegeaufwand, eigentlich genau richtig für alle, die wenig Zeit aufbringen können. Darüber hinaus sind sie erfreulich trockenheitstolerant, legen aber trotzdem Wert auf ausreichend feuchtes und nährstoffreiches Substrat. Bei sehr »sparsamer« Versorgung lässt die Blütenfülle nach und die Blätter färben sich gelb-rötlich. Nach längeren Regenperioden kann Fäulnis an Blüten und Blätter auftreten, deshalb ist gelegentliches Ausputzen der Pflanzen dann doch angebracht, um die Schönheit und vor allem die Gesundheit der Pflanzen zu erhalten.

Die **Petunien** benötigen eine ausreichende Wasser- und Düngerversorgung. Vorzugsweise bietet man Petunien mit jedem Gießen eine geringe Menge Dünger. Auf diese Art und Weise bleiben die Pflanzen ausserordentlich wüchsig. Petunien leiden häufig unter Eisenmangel, dieser äußert sich durch starke Blattaufhellungen. Eisenmangel lässt sich sehr gut mit dem Spurennährstoffdünger »Optifer« beheben.

Der **Zweizahn** besitzt eine wunderbare selbst reinigende Fähigkeit. Älteren und abgeblühte Blüten werden einfach überwachsen und die Pflanze präsentiert sich so immer in Topform. Voraussetzung ist allerdings, dass die Pflanzen regelmäßig mit Wasser und Dünger versorgt werden. Ballentrockenheit führt zu Blattvergilbungen und zum Eintrocknen der Blüten.

Die **Pantoffelblumen** sind da schon anspruchsvoller. Sie reagieren auf vorübergehende Staunässe und hohen pH-Wert im Substrat mit chlorotischen Blattaufhellungen, was auf Eisenmangel hindeutet. Entsprechende Eisendünger können diese Symptome wieder beheben. Die Pantoffelblumen wollen eben behütet und umsorgt sein.

Tipp

Beim Kauf von Geranien bitte auf die richtige Sorte achten! Die Pflanzen sollten starkwüchsig und reichblühend sein. Manche neue Sorte kann diesen Anspruch nicht erfüllen. Die Enttäuschung wäre zu groß. Für Premiumware und fachgerechte Beratung lohnt sich der Gang zum Gärtner. Blühpausen nach dem Pflanzen von Pelargonien sind vermeidbar. Besonders wichtig ist, dass Pelargonien auch noch beim Pflanzen ausreichend mit Nährstoffen versorgt sind. Ein gewisser Nährstoffvorrat im Wurzelballen wäre sehr wünschenswert. Hungrige und überständige Pflanzen sind nicht sofort leistungsfähig und machen nach dem Einpflanzen erst mal Pause.

Blütenfaszination in Gelb und Blau

In diesem Blütenmix setzen Farbe und Form die spannungsreichen Gegensätze. Die blauvioletten Blütenkerzen des Mehlsalbeis umrahmen die goldgelben Strauchmargeriten. Die blauen »Fächerblüten« der Scaevola aemula greifen nach den gelben Blütensternen des Zweizahns. Der Gauchheil entfacht ein faszinierendes königsblaues Blütenmeer und versprüht darüber hinaus Charme und noble Eleganz.

Traumpartner gesucht

Diese leuchtstarke Pflanzidee ist die klassische Umsetzung der Farbenlehre. Das Erfolgsduo sind die Komplementärfarben Violett und Gelb, die sich im klassischen Farbkreis genau gegenüberstehen und immer bestrebt sein werden, sich gegenseitig in der Leuchtkraft zu übertreffen. Auch andere Traumpartner finden sich so scheinbar ganz von alleine.

20 cm

100 cm

Was Sie brauchen

1 3 × **Mehlsalbei** *(Salvia farinacea)* 'Viktoria', blau

2 2 × **Strauchmargerite** *(Argyranthemum frutescens)* 'Butterfly', gelb

3 1 × **Gauchheil** *(Anagallis monelli)* 'Skylover', königsblau

4 2 × **Blaue Fächerblume** *(Scaevola aemula)* 'Saphira', blau

5 2 × **Zweizahn** *(Bidens ferulifolia)* Solaire 'Compact', gelb

Was Sie auch nehmen können

Statt **3** 1 × Gauchheil *(Anagallis monelli)*
1 × **Blaues Gänseblümchen** *(Brachyscome multifida)*

Statt **5** 2 × Zweizahn *(Bidens ferulifolia)*
2 × **Husarenknopf** *(Sanvitalia procumbens)*

■ Sommerliche Blütenpracht in kräftigen Farben sind immer ein Hingucker.

Wie Sie pflanzen

Für diese Pflanzkombination sind insgesamt fünf Arten vorgesehen, die sich in den Blütenfarben hervorragend ergänzen. In der hinteren Reihe stehen die buschigen **Strauchmargeriten.** Der goldgelben Sorte 'Butterfly' könnte man durchaus das Prädikat »zuverlässig, bestens bewährt« verleihen. Willig verzweigend und überaus reich blühend, gehört sie schon fast zu den Balkonklassikern. Grazil und schlank im Vergleich dazu schieben die **Salvien** ihre tiefblauen Blütenkerzen zwischen den gelben Margeritenblüten nach oben und sorgen für den richtigen Rahmen. Dabei erweisen sie sich als äußerst robust und wetterfest. Selbst Wind und Sturm können dem robusten Mehlsalbei kaum etwas anhaben.

Am Rande der vorderen Reihe wird die blaue **Fächerblume** gepflanzt. Die zahlreichen Seitentriebe wachsen schnell über den Kastenrand und übernehmen schon bald die Funktion einer Hängepflanze. In jeder Blattachsel werden unentwegt neue Blüten gebildet. Also, am besten die Pflanzen schön bei »Laune halten« und man kann bald ein »blaues Wunder« erleben. Die neuen Sorten erweisen sich erfreulicherweise als noch kompakter und produzieren deshalb weniger ungeliebte »Peitschentriebe«. Die Sorte 'Saphira' erfüllt diese Eigenschaft besonders zuverlässig.

Zwei *Bidens*-Pflanzen im Balkonkasten sind mengenmäßig fast schon zu viel, aber dann doch der erhoffte »Augenschmaus«. Freilich kann das überschwängliche Wachstum des Zweizahns zur Plage werden, aber bei der richtigen Sortenwahl reduziert sich diese Sorge mittlerweile erheblich. Auch der **Gauchheil** wird sich deshalb nicht davon abbringen lassen, seine faszinierenden Blüten zu öffnen und den Betrachter immer wieder zum Staunen zu bringen. Die warmen und langen Sommertage weben wahre Blütenteppiche in faszinierendem Königsblau.

Wie Sie pflegen

Die Schönheit der Strauchmargeriten steht und fällt mit dem richtigen Standort und der Pflege. Liebend gerne stehen sie an einem warmen und hellen Plätzchen, bevorzugt in der prallen Sonne. Damit dies stressfrei ablaufen kann, darf die Bewässerung und vor allem die Düngung nicht vernachlässigt werden. Am liebsten würden sie mit jedem Gießvorgang etwas Nahrung erhalten. Trockenheit verzeihen die Pflanzen nur in Ausnahmefällen, und es bedarf schon einigen Geschick, um die Pflanzen wieder aufzurichten. Abgeblühte Blumen sind schon aus ästhetischen Gründen zu entfernen, aber auch um die ganze Pflanzenkraft für neue Blütenflore zu erhalten. Leider werden die gelben **Strauchmargeriten** liebend gern von der Minierfliege befallen, optisch erkennbar an den gelblichen »Fraßgängen« in den Blättern. Schon mit dem ersten Befall sind Pflanzenschutz-Maßnahmen zu ergreifen, zum Beispiel mit »Lizitan«-Stäbchen, ansonsten ist die Gartenmargerite ernsthaft gefährdet.

Der **Mehlsalbei** bleibt diesbezüglich eher verschont, wird aber von Läusen geliebt. Auch hier helfen »Lizitan«-Stäbchen. Schon bei der Bepflanzung sollte darauf geachtet werden, dass der Mehlsalbei gestutzt wird, um den buschigen Aufbau zu erhalten.

Die blaue **Fächerblume** bevorzugt eine schwach saure Pflanzerde. Damit sind sie besonders wüchsig und der häufig beobachtete Eisenmangel (gelbe Blattaufhellungen) tritt nicht auf. Der Eisendünger »Optifer« kann hier wieder einmal wertvolle Dienste leisten.

Der **Zweizahn** benötigt, abgesehen von ausreichender Bewässerung und Ernährung keine spezielle Pflege. Er gehört zu den selbstreinigenden Pflanzen. Der einfache Trick besteht darin, dass die neuen Blüten die alten und abgeblühten einfach überwachsen und sich die Pflanze so zu jeder Zeit äußerst attraktiv präsentiert.

Der **Gauchheil** lässt sich mit den ersten Blüten zunächst sehr viel Zeit. Aber ab Mitte Mai ändert sich dies grundlegend und die Pflanze zeigt auch ohne besonderen Pflegeaufwand ihre wirklich makellose Schönheit. Bei regelmäßiger Wasserversorgung und ausreichender Nachdüngung kann sich der Gauchheil auch gegenüber dem robusten Zweizahn behaupten.

Tipp

Einige Sorten des Zweizahns sind ausgesprochene starkwachsende Wucherer und bedrängen damit manch zierliche Nachbarpflanze. Hier gibt es nur zwei Möglichkeiten: Auf eine schwachwachsende Sorte des Zweizahns ausweichen oder in dessen Nachbarschaft ausschließlich starkwachsende, dominante Arten verwenden. Beispiele dafür sind Geranien, Petunien, Gartenmargeriten, Aschenranke.

Wellness für die ganze Seele

Mit duftenden Blumenstars und neuen Kombinationen von Rosa bis Blau lassen sich Wellnessoasen zum Träumen schaffen. Der zarte Duft von Vanille liegt in der Luft und lädt ein, die Natur zu inhalieren. Die weichen Farbtöne verschmelzen ineinander und verbreiten eine angenehme Atmosphäre der Ruhe und Ausgeglichenheit. Genau richtig, um zu entspannen und das augenblickliche Wohlbefinden zu genießen.

Ein Märchentraum

An den blauen Heliotrop schmiegen sich die rosa-violettfarbenen Kapkörbchen. Ihre »blauen Sterne« in der Blütenmitte leuchten hoch bis zum Himmel. Während die großen Blüten der Surfinia-Petunien kräftige Akzente setzen, schafft das fliederblaue Männertreu einen wunderbaren farblichen Übergang zur kleinblumigen Petunie inmitten dieser Pracht.

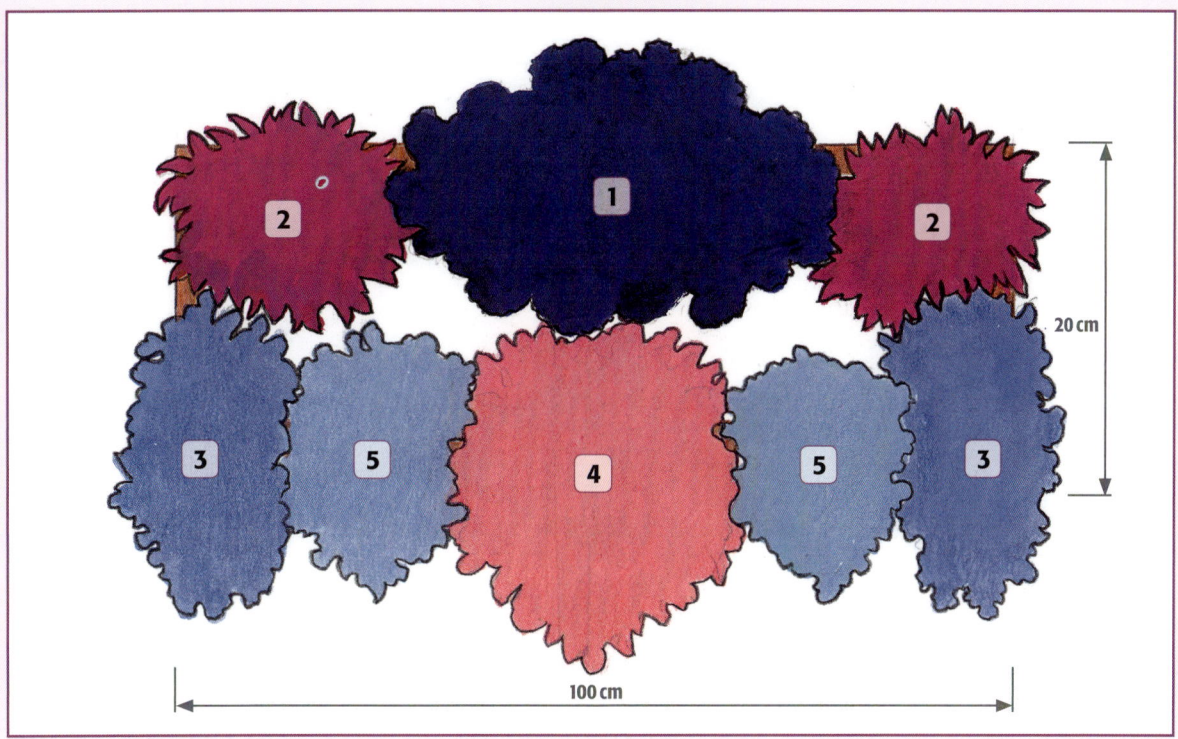

20 cm

100 cm

Was Sie brauchen

1 1 × **Vanilleblume** *(Heliotropium arborescens)* 'Marine', blau

2 2 × **Kapkörbchen** *(Osteospermum ecklonis)* Jamboana 'Purple', pink

3 2 × **Petunie** *(Petunia-*Hybriden) Surfinia 'Patio Blue', blau

4 1 × **Petunie** *(Petunia-*Hybriden) Tiny Tunia 'Pink', kleinblumig, rosa

5 2 × **Männertreu** *(Lobelia erinus)* Laguna ' Lavender Mounding', hellblau

Was Sie auch nehmen können

Statt **2** 2 × Kapkörbchen *(Osteospermum ecklonis)* **2 × Strauchmargeriten** *(Argyranthemum frutescens)*, kirschrot

Statt **5** 2 × Männertreu *(Lobelia erinus)* **2 × Eisenkraut** *(Verbena-*Hybriden), altrosa oder hellbau

■ Petunien zählen zu den Klassikern im Balkonkasten. Ihre Sortenvielfalt ist kaum zu überschauen.

Wie Sie pflanzen

Dieses Pflanzschema berücksichtigt die grandiose Wüchsigkeit der **Surfinia-Petunien.** Eigentlich sollte zweireihig gepflanzt werden, aber in diesem Fall ist es durchaus sinnvoll, die ganze Breite am Kastenende für die Petunien zu reservieren, um die sensationelle Wüchsigkeit und die »Flower-Power« nach vorne und zur Seite hin zu ermöglichen.

Die **Vanilleblume** wird im Laufe des Sommers etwa 40 bis 50 Zentimeter hoch und ist deshalb für die Mitte der hinteren Reihe bestens geeignet. Die tiefvioletten Doldenblüten verbreiten einen intensiven Vanilleduft und locken nicht nur Bienen und Schmetterlinge.

Farblich wunderbar abgestimmt, stehen links und rechts daneben die neuen Sorten der **Kapkörbchen.** Die Jamboana-Sorten benötigen keine Kühlphase, um Blüten bilden zu können. Damit verbunden sind verbesserte Blühleistungen und nahezu grenzenloser Blütenreichtum, auch im heißen Sommer.

Die Züchtungsarbeit hat dem **Männertreu** einen neuen Aufschwung verliehen. Die Pflanzen sind außergewöhnlich frühblühend und besitzen ein hervorragendes Durchblühverhalten. Der Pflanzenaufbau ist zunächst kugelig, wird aber bald in einen halb hängenden Wuchs übergehen. Die neuen Sorten sind nicht nur Blau oder Lila, sondern auch Weinrot und Weiß oder ganz besonders attraktiv als zweifarbige Neuheiten.

Die kleinblumige rosafarbene **Petunie** ist mittig in der vorderen Reihe gepflanzt. Diese Sortentypen nehmen wesentlich mehr Rücksicht auf die benachbarten Pflanzen als ihre starkwüchsigen Schwestern und Brüder. Mit ihrem kompakten und überhängenden Wuchs sind sie die perfekten Kombinationspartner in Blumenampeln und bunten Balkonbepflanzungen. Beeindruckend sind die zahllosen Einzelblüten, aus denen wahre Blütenteppiche entstehen.

Wie Sie pflegen

»Den Kopf im Feuer und die Füße im Wasser«, diese Regel gilt sehr genau für die **Vanilleblume.** Sonne, Wärme und viel Licht, aber regelmäßige Wasserversorgung, da fühlt sich diese Duftpflanze besonders wohl. Sobald die ersten Blütendolden abblühen, empfiehlt es sich, diese auszuschneiden, um neue kräftige Blütenflore einzuleiten. Dunkle Blattverbräunungen beim Heliotrop sind meist die Folgen von Licht- oder Wassermangel. Zumindest die Wasserversorgung kann mit einem Balkonkasten mit integriertem Wasserspeicher deutlich verbessert werden.

Die modernen Sorten der **Kapkörbchen** benötigen erfreulicher Weise keinen Kältereiz, um Blüten auszubilden. Der Vorteil liegt darin, dass die Blüten besonders früh und ohne erkennbare Blühpause über die ganze Balkonsaison erscheinen. Auch aus optischen Gründen empfiehlt es sich, eingetrocknete oder abgeblühte Blütenstände auszuschneiden.

Die neuen **Petunien-Sorten** sind erstaunlich regen- und wetterfest und darüber hinaus äußerst attraktiv. Nicht umsonst erleben die Petunien eine Renaissance ohnegleichen. Petunien wollen regelmäßig gedüngt und ausreichend mit Wasser versorgt sein. Oft bedeutet dies, dass im Sommer zweimal täglich gegossen werden muss. Bei größeren Balkonanlagen empfiehlt sich daher eine Automatisierung. Das spart nicht nur viel Zeit, sondern versorgt die Pflanzen zudem bedarfsgerecht. Bestes Wachstum und Blütenreichtum sind zu erzielen, wenn die Pflanzen mit jedem Gießvorgang etwas Nahrung erhalten, zum Beispiel ein halbes Gramm Volldünger mit jedem Liter Gießwasser. Auf diese Art und Weise werden auch Spurennährstoffe im ausreichenden Maße und noch wichtiger der pH-Wert im Substrat im optimalen Bereich gehalten. Eisenmangel kann so erst gar nicht auftreten. Dies gilt für klein- und großblumige Sorten gleichermaßen.

Die **Lobelien** präsentieren sich seit kurzem ebenfalls in einem neuen Licht. Ohne großen Pflegeaufwand öffnen sich Blüten um Blüten. Die neuen Sorten sind zudem enorm hitzebeständig, auch wenn sie vorzugsweise im Halbschatten und auch noch im schattigen Bereich gedeihen.

Auch die neuen Sorten von Männertreu lieben die gleichmäßige Substratfeuchte und sind damit auch ein idealer Partner der Vanilleblume. Bei längerer Trockenheit reagieren die Pflanzen eher beleidigt. Im Extremfall erholen sich geschädigten Pflanzen nicht mehr und es bleibt nur eine Austausch.

Tipp

Die Vanilleblume lässt sich kühl und hell überwintern und wird gerne im Einzelkübel als Hochstämmchen gezogen.

Die Magie der Blüten

So würde nur eine Märchenprinzessin pflanzen, inspiriert von der Magie der Blüten. In romantischer Stimmung präsentiert sich hier der Sommer. Rosa und Weiß verschmelzen zu einem zauberhaften Blütentraum. Im sanften Gleichklang entsteht eine dezente Fernwirkung, die nie langweilig wird. Dafür sorgen schon die vielen Arten mit ihren verschiedenen Blütenformen und Farbschattierungen.

Die weißen Strauchmargeriten und die rosafarbenen Kapkörbchen geben den optischen Halt. Gemeinsam übernehmen sie in diesem Sommerarrangement eine Leitfunktion.

Harmonie im Gleichklang

Sensationell sind die Blütenfarben der neuen Verbenen-Generation. Kompakt, lässig über den Blumenkas-

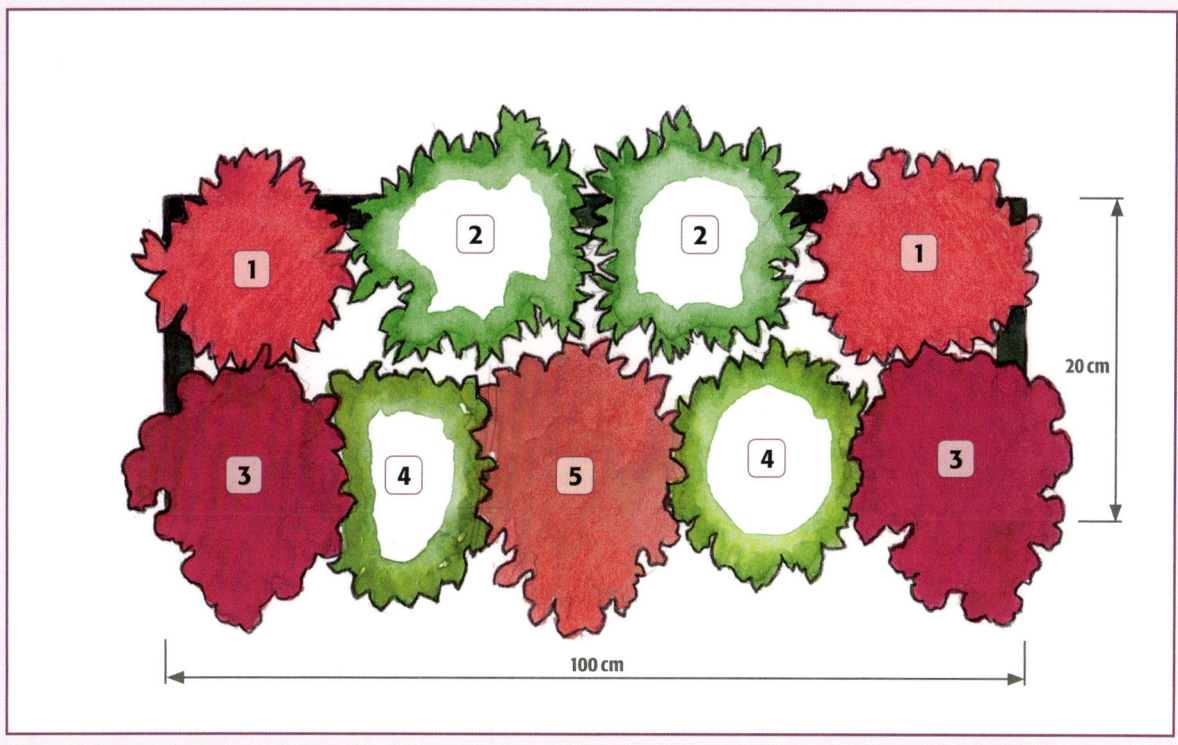

Was Sie brauchen

1 2 × **Kapkörbchen** (Osteospermum ecklonis) 'Jamboana Purple', pink

2 2 × **Strauchmargerite** (Argyranthemum frutescens) 'Weißer Star', weiß

3 2 × **Eisenkraut** (Verbena-Hybriden) Lascar 'Hot Rose', altrosa

4 2 × **Schneeflockenblume** (Sutera grandiflora) Cabana 'Trailing White', weiß

5 1 × **Elfenspiegel** (Diascia-Hybriden) Genta 'Pink', rosa

Was Sie auch nehmen können

Statt **3** 2 × Eisenkraut (Verbena-Hybriden)
2 × **Petunien** (Petunia-Hybriden), in einem leuchtendem 'Hot Pink'

Statt **4** 2 × Schneeflockenblume (Sutera grandiflora)
2 × **Nemesie** (Nemesia strumosa), weiß

■ Eindrucksvoll kombiniert – sanfte rosafarbene Übergänge sorgen für dezente Farbwirkung.

ten lehnend, sind sie besonders ausdauernde Sommerblüher. Das großblumige »Schneeflöckchen« nimmt zarte Bande auf zum rosafarbenen Elfensporn und hier entsteht wohl mehr als nur eine kleine Liebelei.

Wie Sie pflanzen

Rosa und Weiß sind die bevorzugten Blütenfarben der verwendeten Pflanzenarten. Die weiße **Strauchmargerite** nimmt ohne Zweifel eine ganz zentrale Stellung ein. Zuverlässig blühend, verbinden diese Pflanzen alle Eigenschaften, die Leitpflanzen erfüllen sollten. Im vorliegenden Pflanzbeispiel werden zwei Strauchmargeriten nebeneinander in die hintere Reihe gesetzt.

Seitlich daneben stehen rosafarbene **Kapkörbchen,** die sich anschicken, die Blühleistung der Strauchmargeriten zu erreichen. Die Chancen dafür stehen sehr gut, weil die modernen Sorten nunmehr ohne Kühlphase auskommen, um Blüten anzulegen. Die sommerlichen Blühpausen sind damit Vergangenheit und empfehlen die Kapkörbchen als idealen Partner, zum Beispiel für die Strauchmargeriten.

Am Ende der vorderen Reihe wird das **Eisenkraut** gesetzt, das im Blumenbeet als Bodendecker verwendet wird, aber hier als Hängepflanze fungiert. Die vorgeschlagene Sorte Lascar 'Hot Rose' hat schon in vieler Hinsicht überzeugt. Diese Sorte besticht nicht nur durch ihre Reichblütigkeit, sondern auch durch ihre außerordentliche Blütenfarbe und große Leuchtkraft.

In der Mitte der vorderen Reihe findet der **Elfensporn** seinen Platz. Zunächst noch aufrecht wachsend, werden die Seitentriebe bald überhängende rosafarbene Blütenkissen bilden. Die dicht besetzten Blütenrispen sind erstaunlich widerstandsfähig und haltbar, auch bei ungünstiger Wetterlage. Der Elfensporn bevorzugt warme, sonnige bis halbschattige Pflanzecken. In dieser Gesellschaft fühlt sich auch die **Schneeflockenblume** sehr wohl. Strahlend weiß leuchten die großen »Schneeflöckchen«-Blüten zwischen den rosafarbenen Nachbarn und bilden bis zum Spätherbst reich blühende »Schneewölkchen«. Besonders reizvoll sind die rosa/weißen Farbübergänge, die eine wahrlich liebenswerte Verbindung herstellen.

Wie Sie pflegen

Strauchmargeriten gedeihen besonders üppig an warmen und hellen Standorten. Höchste Ansprüche stellen sie dabei an die Wasser- und Nährstoffversorgung. Nur ausreichend versorgte Pflanzen entwickeln Blüten, scheinbar ohne unterlass. Verblühte Blumen werden abgenommen, um das weitere Wachstum und neue Blüten nicht unnötig zu verzögern.

Das **Kapkörbchen** will gerne von der Morgensonne geweckt werden. Sie motiviert es zum Aufstehen und spontan öffnet es seine äußerst dekorativen Blüten. Bei Regen und Dunkelheit verschließt es diese wieder und macht ein faules Schläfchen. Vielleicht ist dies auch der Grund dafür, dass die Blüten sehr entspannt Wind und Wetter überstehen.

Die Vorzüge der modernen **Verbenen**-Sorten bestehen in der frühzeitigen und reichen Blüte ohne jeden »Durchhänger«. Darüber hinaus sind sie erfreulich mehltauresis-

tent, außer bei überdurchschnittlichem Befallsdruck. Wer ohne Chemie auskommen will, kann zumindest darauf achten, dass die Blätter trocken die Nachtruhe antreten. Also, am späten Abend nicht mehr gießen oder zumindest so, dass die Blätter nicht mehr nass werden. Bei natürlicher Taubildung, die naturgemäß im Spätsommer häufiger auftritt, gelingt dies nicht mehr. Im Übrigen sind gut ernährte und gesunde Pflanzen immer widerstandsfähiger gegenüber Pilz- oder Schädlingsbefall als schwache.

Die **Schneeflockenblume** und der **Elfensporn** wirken so zart und zerbrechlich, dass man geneigt ist zu vermuten, hier wäre eine sehr aufmerksame und behutsame Pflege notwendig. Weit gefehlt! Die Pflanzen sind durchaus in der Lage, ihre Schönheit bis in den Spätherbst selbstständig zu erhalten. Nur mit den »Extremen« können sie weniger gut umgehen. Vermeiden Sie Trockenheit oder Staunässe und Sie haben viel Freude mit Ihren Lieblingen.

Tipp

Um neue Blüten hervorzubringen benötigt das Kapkörbchen kühle Temperaturen. Im Sommer kann dies durchaus schwierig sein und so entstehen mehr oder weniger lange Blühpausen. Zum Glück entschädigen die Pflanzen dies mit langer Blüte bis zu den ersten Frösten und sind auch dann noch sehr attraktiv, wenn viele Sommerblumen sich bereits verabschiedet haben.

Ein rosaroter Blütentraum im Schatten

Romantisch, zart und im angenehmen Gleichklang vereinen sich hier die Pflanzen für den Schattenplatz. Ton in Ton präsentieren sich die Knollenbegonien und das Fleißige Lieschen. Akzente setzen die bonzefarbenen Blätter der Süßkartoffel und die weiß/rosafarbenen Blütenglöckchen der Fuchsien. Beeindruckt von der Schönheit kann man sich kaum satt sehen und fühlt sich magisch in den Bann gezogen.

Pink ist in

Jede Pflanze fügt sich harmonisch ins Gesamtbild und erfüllt zuverlässig ihre Aufgaben. Die aufrecht wachsenden Knollenbegonien leuchten mit großen gefüllt blühenden Blütenbällen aus dem Hintergrund. Die Fuchsien und das Fleißige Lieschen wachsen mächtig überhängend und werden eine Blütenfülle erreichen, die ihresgleichen sucht. Die bronzefarbene

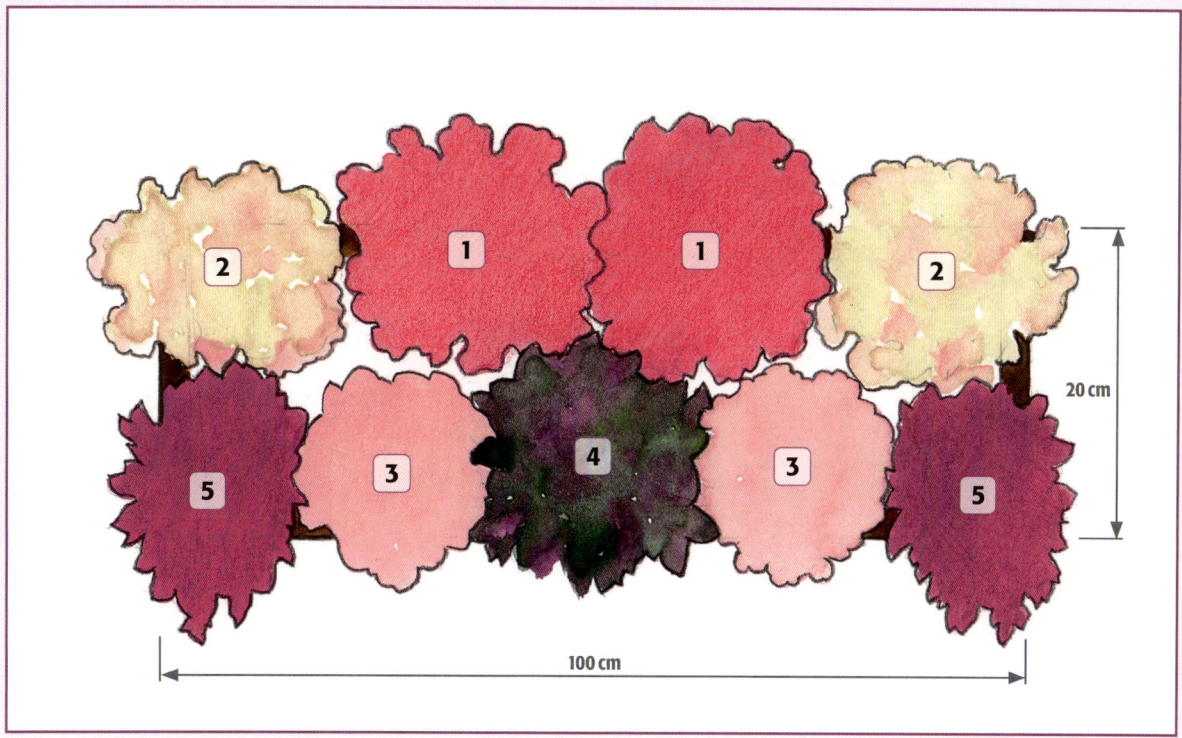

Was Sie brauchen

1 2 × **Begonie** (*Begonia*-Knollenbegonien-Hybriden) 'Nonstop Rosa', rosa

2 2 × **Begonie** (*Begonia*-Knollenbegonien-Hybriden) 'Nonstop Apfelblüte', weiß-rosa

3 2 × **Fleißiges Lieschen** (*Impatiens walleriana*) Candy 'Zartrosa mit Auge', rosa

4 1 × **Süßkartoffel** (*Ipomoea batatas*) 'Black Heart', bronze-braunes Blatt

5 2 × **Fuchsie** (*Fuchsia*-Hybriden) 'Pats Folly', Kelchblätter pink, Krone lilarosa

Was Sie auch nehmen können

Statt **4** 1 × Süßkartoffel (*Ipomoea batatas*) 'Black Heart' **1 × die Süßkartoffel** 'Light Green', limonenfarbenes Blatt

Statt **5** 2 × Fuchsie (*Fuchsia*-Hybriden) 'Pats Folly' **2 × Fuchsie** (*Fuchsia*-Hybriden) aus der neue Zucht-serie 'Shadow Dancer', farblich an den Kasten ange-passt

■ Im hellen Schatten gedeihen Fuchsien besonders üppig. Sie lassen sich bestens sowohl im Kasten als auch im Kübel und in der Ampel halten.

Süßkartoffel dient als Strukturpflanze und gestaltet einen wunderbar weichen Kontrast zu dem rosaroten Bild.

Wie Sie pflanzen

In diesem Blumenkasten werden neun Pflanzen vorwiegend in rosa und weißen Blütenfarben gesetzt. Die hintere Kastenreihe bietet Platz für vier **Knollen-**begonien. In der Mitte sind zwei rosafarbene, außen die apfelblütenfarbenen Sorten geplant. Die Farbübergänge sind perfekt aufeinander abgestimmt. Die hier verwendeten Nonstop-Sorten gehören bereits zu den Klassikern unter den Knollenbegonien. Reichblühend, tief verzweigt, kräftig und widerstandsfähig, gehören sie zum Besten, was das Sortiment zu bieten hat. Die Züchtung hat hier ausgezeichnete Arbeit geleistet.

In der vorderen Reihe genau in der Mitte des Kastens sitzt die **Süßkartoffel.** Die freien Pflanzlücken zwischen den Knollenbegonien dienen hierbei als Pflanzorientierung. Das bronzefarbene Blatt gestattet einen fantastischen Kontrast zu den Nachbarblumen. Zunächst aufrecht wachsend, wird diese Strukturpflanze später einen hängenden Wuchscharakter annehmen und ihre auffällige Blattform noch stärker zur Geltung bringen. Das Fleißige Lieschen wird links und rechts der Süßkartoffel gepflanzt. Kompakt und überaus reichblühend präsentieren sich die beliebten Balkonblumen. Wenn im Herbst viele Balkonblumen schon Adieu sagen, erfreut sich das **Fleißige Lieschen** immer noch großer Vitalität und genießt in aller Ruhe den »Altweibersommer«.

In unserer Pflanzanordnung erhalten die hängenden **Fuchsien** den Platz, den sie besonders lieben. Am äußeren Rand dürfen sie ihre grazilen Blütentriebe seitlich und nach vorne über den Kastenrand baumeln lassen und dabei ihre ganze Pracht zur Schau stellen. Die bewährte Sorte 'Pats Folly' wird fast ohne Pause unzählige pink/rosaviolette Blütenglöckchen hervorbringen. Ohne Zweifel beleben die modernen Züchtungen das große Fuchsiensortiment.

Wie Sie pflegen

Für den schattigen Balkonbereich steht die große Pflanzengruppe der **Knollenbegonien** zur Verfügung. Da die Triebe mit zunehmendem Alter windanfällig werden, sollte schon vor der Pflanzung darauf geachtet werden, dass die Pflanzen kompakt und tief verzweigt sind. Die großen gefüllten Blüten sind im Vergleich zu den Pflanzen erstaunlich wetterfest. Trotzdem empfiehlt es sich, verblühte Blumen abzunehmen, um Fäulnispilzen keine Chance zu geben.

Mit Ausnahme weniger Sorten bevorzugen die meisten **Fuchsien**-Sorten den halbschattig bis schattigen Stand-

ort. Dünger sollte regelmäßig verabreicht werden. Da Fuchsien salzempfindlich sind, ist ein ausgewogener Mehrnährstoffdünger in niedrigen Konzentrationen empfehlenswert. Ähnlich wie Knollenbegonien lieben Fuchsien eine gleichmäßige Substratfeuchtigkeit. Um Blühpausen im Sommer so kurz wie möglich zu halten, empfiehlt es sich, Verblühtes und Fruchtansätze regelmäßig abzunehmen. Bei dieser Gelegenheit auf Schädlingsbefall achten und notfalls Gegenmaßnahmen einleiten. Nach der Balkonsaison können Fuchsien hell und kühl überwintert werden. In dieser Zeit wird nur sparsam gegossen. Im Frühjahr werden die Triebe gestutzt und die Pflanzen neu angetrieben. Fuchsien sind kälteempfindlich, also bei Frostgefahr rechtzeitig einräumen.

Das **Fleißige Lieschen** bevorzugt den lichten Schatten und entwickelt dort prachtvolle Blüten. Die Grundvoraussetzungen dafür sind eine gleichmäßige Dünger- und Wasserversorgung. Das Fleißige Lieschen ist immer durstig! Bei Trockenheit »schlappen« die Triebe, aber glücklicherweise erholen sie sich mit der nächsten Wassergabe.

Die **Süßkartoffel** ist anspruchslos und somit pflegeleicht. Gelegentliches Düngen und Wässern – mehr ist nicht notwendig!

Tipp

Die Zuchtziele für neue Fuchsiensorten zielen auf frühe und reiche Blüte, kompakten Wuchs und kontrastreiche Blütenfarben. Ein gutes Beispiel dafür ist die Sortenserie der 'Shadow Dancer'.

Feuriger Blütenzauber fern der Sonne

Blutrot, Purpur und Karmin, dazwischen dunkellila Farbtupfer, entfalten einen unverwechselbaren Blütenzauber. Voller Temperament vereinen sich Blüten und Blattzeichnungen in leidenschaftlicher Hingabe. Eine seltsame Energie umgibt den Schattenplatz und wird fühlbar, wie eine heiße Sommernacht in Madrid. Hier lässt man sich gerne nieder um den Abend ausklingen zu lassen.

Extravagante Laubfärbung

In diesem Blumenkasten bilden durchwegs zuverlässige Blüher eine Gemeinschaft, aber die Strukturpflanze übernimmt eine für sie ungewöhnliche Leitfunktion. Die extravagante Laubfärbung – samtig purpurn, schwarzrot gerandet mit karminroter Aderung – wird zum magischen Blickfang. Es entsteht eine wunderbare Verbindung aus kräftigen Farben, die

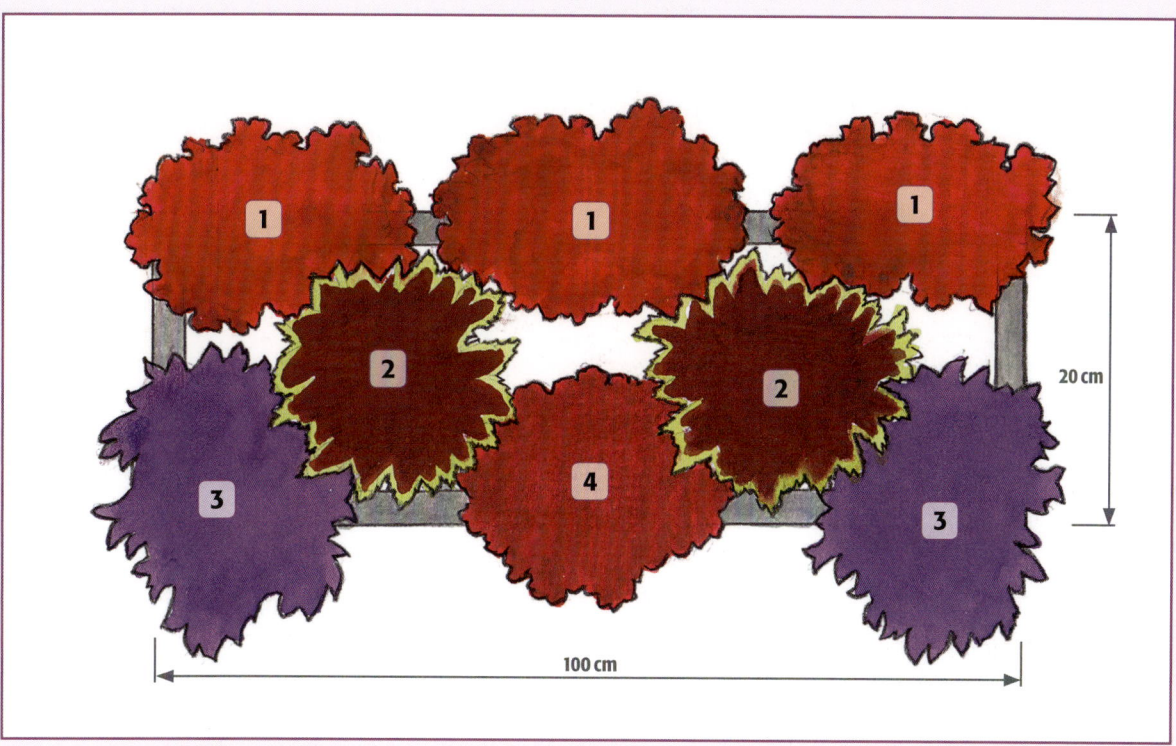

Was Sie brauchen

1 3 × **Fleißiges Lieschen** (*Impatiens*-Hybriden)
'Firefly Red', rot

2 2 × **Buntnessel** (*Plectranthus scutellarioides*)
'Wizard Velvet Red', samtig dunkelrot

3 2 × **Fuchsie** (*Fuchsia*-Hybriden)
'Dollarprinzessin', Krone rot, Kelchblätter dunkellila,
gefüllt

4 1 × **Edellieschen** (*Impatiens*-Neuguinea-Hybri-
den) Paradise 'Martinique', karminrot

Was Sie auch nehmen können

Statt **2** 2 × Buntnessel (*Plectranthus scutellarioides*)
'Wizard Velvet Red' andere Alternativ-Sorten

Statt **4** 1 × Edellieschen (*Impatiens*-Neuguinea-
Hybride) Paradise-Serie **1 × Edellieschen** aus der
neuen Sunpatiens-Serie, orange oder magentarot

■ Wieder voll im Trend: Die Buntnesseln mit ihren wunderbar kontrastreichen Laubfärbungen.

dem gesamten Blumenkasten einen Hauch von Exotik – verleiht.

Wie Sie pflanzen

In diesem Blumenkasten dominiert das temperamentvolle Rot. Eine herausragende Stellung nehmen dabei die **Buntnesseln** ein. Aufgrund der Wuchsform gehö-

ren die sie sicherlich in die hintere Reihe gepflanzt. In unserem Beispiel sind sie allerdings etwas nach vorne gesetzt und erhalten damit eine sehr zentrale Position. Gepflanzt werden kräftige Jungpflanzen mit reichlichen Seitentrieben. Scheuen Sie sich nicht, die Buntnessel noch bei der Pflanzung leicht zu stutzen, damit entwickeln sich die Pflanzen buschiger und bleiben kompakt. Für unseren speziellen Balkonkasten ist eine Sorte mit samtig, schwarzroten Blatträndern, die zur Blattmitte hin karminrot mit dunkler Aderung auslaufen, gewählt worden.

In dieses fantastische Farbenspiel passt genau das kräftige Rot der kleinblumigen **Fleißigen Lieschen,** die in der hinteren Reihe zu finden ist. Sie erreicht zwar nicht ganz die Höhe der Buntnessel, aber der kugelige Pflanzenaufbau fügt sich harmonisch in das Gesamtkonzept. Darüber hinaus ergeben die zahllosen Einzelblüten eine einzigartige Blütenfülle.

In der Mitte der vorderen Reihe stehen die karminroten Paradise-Neuguinea-Impatiens. Dieses **Edellieschen** entwickelt nicht nur viele große Einzelblüten, sondern blüht zuverlässig bis in den Herbst hinein. Der Pflanzenaufbau bleibt auch bei starker Verzweigung fast kugelig, ganz im Gegensatz zu den am Kastenrand gepflanzten **Fuchsien.** Die hängend wachsende Sorte 'Dollarprinzessin' besitzt rote Kelch- und wunderschön lilafarben gefüllte Kronblätter. Die Sortenwahl richtet sich hier hauptsächlich nach der gewünschten Farbe und dem Wuchscharakter. Fuchsien haben diesbezüglich sehr viel zu bieten. Im deutschsprachigen Raum werden etwa 2000 Sorten kultiviert.

Wie Sie pflegen

Die **Fleißigen Lieschen** sind Stecklings-Impatiens mit unzähligen kleinen Blüten. Noch sind sie mehr auf Freilandbeeten zu finden, als im Balkonkasten. Keiner weiß so recht warum! Am Pflegeaufwand kann es nicht liegen, da sie nicht mehr verlangen, wie zum Beispiel die hier ebenfalls verwendeten **Edellieschen.** Reichlich Wasser und Dünger sind die besten Voraussetzungen für eine prachtvolle Pflanzenentwicklung. Bei Trockenheit lassen sie alle Triebe schlapp nach unten hängen, stehen aber wieder auf, wenn sie gewässert werden. Die Firefly-Lieschen, übrigens auch die Edellieschen, können nach

der Balkonsaison auf dem Fensterbrett überwintert oder neue Stecklinge entnommen und wieder bewurzelt werden. So bleiben die Pflanzen scheinbar ewig erhalten.

Die **Buntnesseln** sind sehr pflegeleichte und dankbare Strukturpflanzen. Besonders im Schatten und Halbschatten erweisen sich die Buntnesseln als sehr wüchsig und laufen erst gar nicht Gefahr, einen Sonnenbrand zu erleiden. Wenn die Pflanzen zu hoch werden, scheuen Sie sich nicht, den Mitteltrieb einzukürzen. Der Pflanzenaufbau profitiert davon.

Fuchsien gehören zu den klassischen Schatten liebenden Balkonpflanzen. Um sie bei Blühlaune zu halten, ist es unerlässlich, die Pflanzen regelmäßig mit Nährstoffen und Wasser zu versorgen. Dabei empfiehlt es sich, Nährsalze zu verwenden, die kalibetont zusammen gesetzt sind. Um Blühpausen so kurz wie möglich zu halten, werden verblühte Blüten oder schon entwickelte Fruchtansätze entfernt. Bei dieser Gelegenheit sollte auf Pilz- und Schädlingsbefall kontrolliert werden. Grauschimmel oder Rostpilze treten verstärkt auf, wenn die Pflanzen geschwächt oder unzureichend versorgt sind. Eine gewisse Anfälligkeit gegenüber Weißer Fliege, Roter Spinne und Blattläusen ist zu beobachten. Einfach großartig was die Natur uns hier zu bieten hat.

Tipp

Statt Neuguinea-Impatiens bringt ein Männertreu *(Lobelia erinus)* Laguna 'Compact Blue with Eye' einen willkommenen blauen Farbtupfer in dieser Kastengestaltung.

Strahlende Leuchtkraft für schattige Lagen

Auch auf dem angenehm kühlen Schattenbalkon muss man auf leuchtende Blüten nicht verzichten. Gelb, Apricot und Orange sind weithin sichtbare Signalfarben und verzaubern den Nordbalkon in einen warmen und gern besuchten Sitzplatz. Die Pflanzen sind vorzüglich ausgewählt. Die Fernwirkung ist nahezu unübertrefflich, nicht zuletzt auch deshalb, weil die Farben sorgfältig ausgewählt worden sind.

Licht im Schatten

Großen Anteil daran haben die Knollenbegonien, mit denen eine außergewöhnliche Pflanzengruppe, die vieles zu bieten hat, zur Verfügung steht. Hier sind es die gelb gefüllten 'Nonstop'-Sorten, die in ihrer Leuchtkraft kaum zu überbieten sind. Selbst die eleganten Girlandenbegonien mit den großen gefüllten apricotfarbenen Blüten stehen ihren Schwestern in nichts nach.

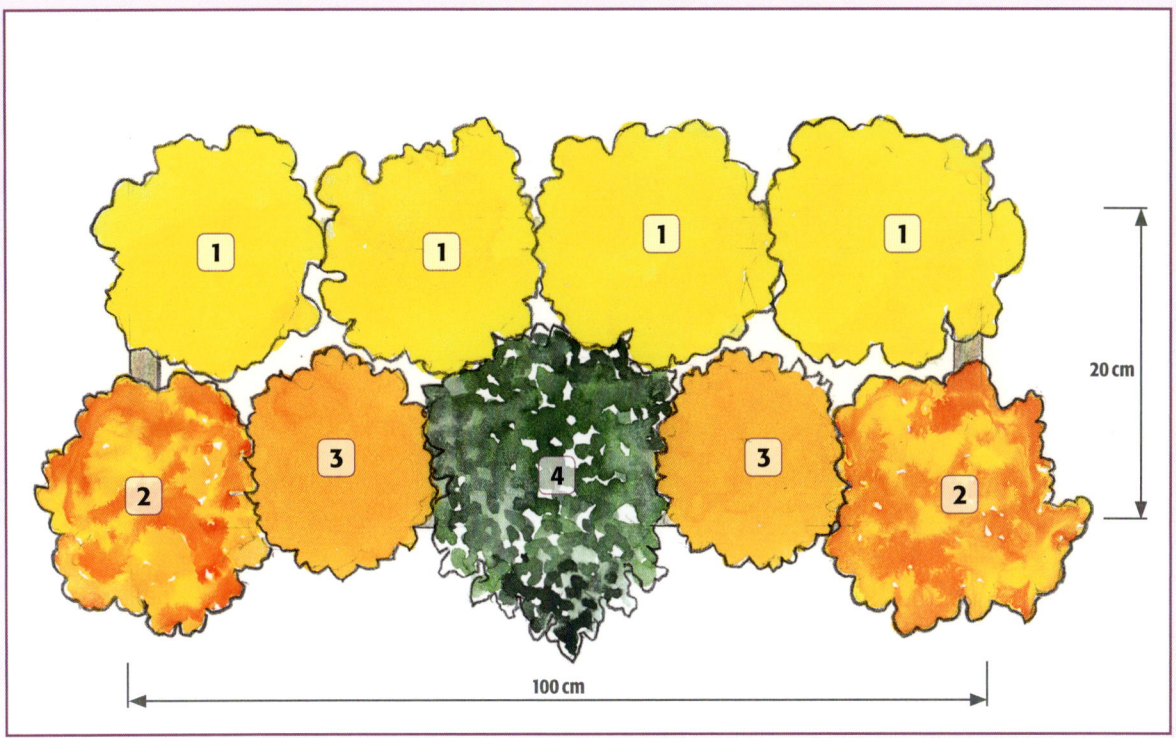

Was Sie brauchen

1 4 × **Begonie** *(Begonia-*Knollenbegonien-Hybriden) 'Nonstop Gelb', gelb

2 2 × **Begonie** *(Begonia-*Knollenbegonien-Hybriden, Girlandenbegonie) 'Illumination Apricot', gelb-apricot

3 2 × **Edellieschen** *(Impatiens-*Neuguinea-Hybriden) 'Tango', orange

4 1 × **Gundermann** *(Glechoma hederacea)*, grün gezeichnetes Blatt

Was Sie auch nehmen können

Statt **4** 1 × **Gundermann** *(Glechoma hederacea)*
1 × **Süßkartoffel** *(Ipomoea batatas)* in einer Sorte mit limonen- oder bronzefarbenem Blatt

Die Neuguinea-Impatiens entwickelt große, leuchtend orange Einzelblüten und der Gundermann lässt wie »Rapunzel« seine Blätterpracht bis zum Boden gleiten.

Wie Sie pflanzen

Diese Pflanzenkombination ist in ihrer Farbenpracht nur schwer zu überbieten. In der hinteren Reihe sind die leuchtend gelben **Knollenbegonien** gesetzt.
Die vier Pflanzen werden so positioniert, dass am Kastenrand noch etwas Freiraum für die Entwicklung anderer Pflanzen bleibt. Diesen Platz würden nämlich liebend gerne die **Girlandenbegonien** aus der vorderen Reihe mit nutzen, um seitlich den optischen Rahmen stärker mitzugestalten. Die Kombination großer gelber und apricotfarbener Blütenbälle könnte nicht lebhafter sein und ist sicher der Garant dafür, dass dieser Schattenplatz gerne aufgesucht wird.
Bei der Pflanzung der Knollenbegonien ist darauf zu achten, dass die Wurzelballen richtig gesetzt werden. Zu hoch gesetzte Pflanzen leiden unter mangelnder Standfestigkeit und chronischem Wassermangel.
Der Grund liegt in der hohen Wasserverdunstung auf der Ballenoberfläche. Bei zu tief gesetzten Pflanzen kann Fäulnis am Wurzelhals auftreten. Am besten den Wurzelballen nur leicht mit Erde bedecken.

Besonders große und leuchtende orange Blüten produziert die Sorte 'Tango'. Diese **Neuguinea-Impatiens** ist darüber hinaus äußerst robust und robust und blühfreudig. Die Pflanzen sind über Aussaat vermehrbar und damit auch eine kostengünstige Variante im Vergleich zu den vegetativ vermehrten Sorten. Zwischen den orangen Dauerblühern entwickelt sich der heimi-

■ **Die Begonie 'Dragon Wings' und die Neuguinea-Impatiens 'Tango' kommen nicht nur im Schatten sehr gut zurecht.**

sche **Gundermann.** Diese interessante Strukturpflanze wächst stark überhängend, ohne die Blütenpflanzen zu beeinträchtigen. Die winterharten Arten verbleiben im Herbst im Kasten und werden mit anderen Pflanzen kombiniert.

Eine echte Alternative zum Gundermann sind die rankenden Süßkartoffeln. Diese vielseitig einsetzbare Pflanze ist nicht nur eine attraktive Struktur- und Hängepflanze, sondern auch ein idealer Teamplayer um blühende Akzente der Nachbarpflanzen zu untermauern.

Wie Sie pflegen

Begonien bevorzugen ein gleichmäßig feuchtes Pflanzsubstrat. Nur gut, dass die Pflanzen im Schatten stehen, ansonsten würde man wohl kaum mit dem Gießen nachkommen. Wenn möglich, bietet man den **Knollenbegonien** Windschutz. Vor allem mit zunehmendem Alter und Pflanzengewicht sind sie bruchgefährdet. Daher sollte beim Einpflanzen besonders auf Standfestigkeit geachtet werden, um die Bruchgefahr zu minimieren.

Wer will, kann seine Lieblinge auch überwintern. Im Herbst werden die Knollen aus der Erde genommen und trocken in Zeitungspapier gelagert. Auch kleine Knollen können so über den Winter gebracht werden und blühen im nächsten Frühjahr vielleich noch nicht so üppig wie gewohnt. Aber nichtsdestotrotz, mit den Jahren werden auch diese Knollen größer, und damit auch der oberirdische »Sprössling«. Im Frühjahr werden die Knollen vor dem Legen gründlich gewässert und in die Erde gesetzt. Achten Sie darauf, dass die »Delle« an der Knolle im Pflanzsubstrat nach oben zeigt.

Ein warmes, windstilles Plätzchen würde auch dem **Edellieschen** sehr gefallen. Wenn dann noch reichlich Wasser und Nährstoffe angeboten werden, läuft das

Neuguinea-Lieschen zur Hochform auf. Über und über erscheinen große orangefarbene Blüten und die Triebe breiten sich willig über den Kastenrand aus. Die hier verwendete Freilandsorte 'Tango' ist äußerst robust und bedarf keiner außerordentlichen Pflege.

Gleiches gilt auch für die neuen Sorten aus der Sunpatiens-Serie, die auch in voller Sonne gedeihen und sich außerordentlich wüchsig präsentieren. Die Süßkartoffel bedarf keiner besonderen Pflege. Die unterirdischen Knollen sind essbar und längst bekannt bei den kulinarischen Genießern.

Der **Gundermann** ist der ideale Partner für die schatten liebenden Blütenpflanzen. Die Triebe mit den weiß-grünen panaschierten Blättern wachsen umso stärker, je sorgfältiger Wasser und Dünger nachgereicht werden. Es ist keine Seltenheit, dass der Gundermann ein bis zwei Meter aus dem Blumenkasten hängt. Wenn er den Boden erreichen sollte, beginnt er sogleich Wurzeln zu schlagen und holt sich dort Nährstoffe und einen festen Halt. Der Gundermann gehört sicher zu den pflegeleichten Strukturpflanzen, die ohne viel Aufwand zuverlässig bis in den Herbst hinein ihre natürliche Schönheit behalten.

Tipp

Statt dem Gundermann können Sie auch eine Süßkartoffel *(Ipomoea batatas)* verwenden. Die einzelnen Sorten unterscheiden sich durch die Blattfarbe und -form. Bewährte Sorten sind aus der Serie Sweet Caroline oder Sweet Heart.

Ein Herbstfeuerwerk in leuchtenden Farben

Der Sommer hat Abschied genommen, die Sonne steht schon tief im Süden. Die Natur zeigt ihr allerschönstes Herbstgewand. Auf dem Balkon leuchtet ein Hauch von »Indian Summer«.

Wild und charmant

Orangegelbe Herbst-Chrysanthemen wirken wie weithin sichtbare Leuchttürme. Markant und majestätisch präsentieren sich die beliebten Klassiker zum Saisonausklang. Die kleinblumigen Hornveilchen sind wieder modern und erleben in diesen Tagen eine wahre Renaissance. Die fröhlich leuchtenden Blüten zaubern ein eindrucksvolles gelb-oranges Farbenmeer. Bronzefarbene Gräser passen genauso in diese warme Stimmung wie die rötlich auberginefarbenen Blätter der Salbeipflanzen. Der winterharte Efeu stellt den gebüh-

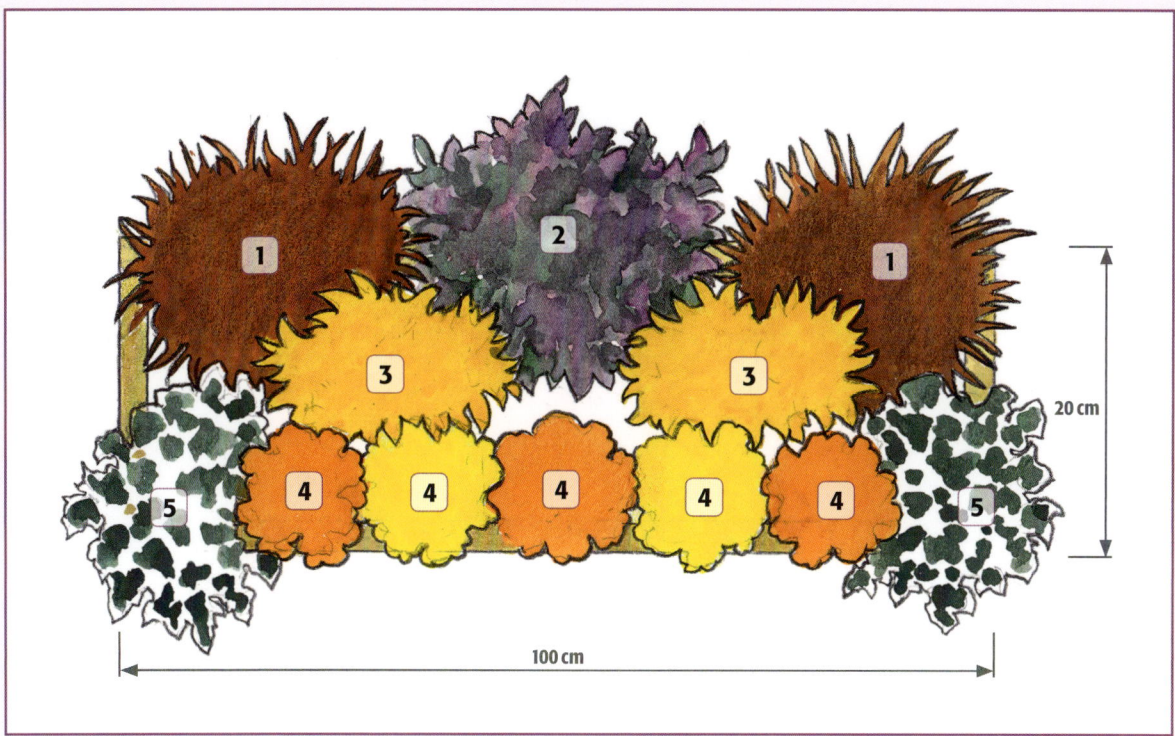

100 cm

20 cm

Was Sie brauchen

1 2 × **Segge** (*Carex comans*) 'Bronze Perfection', bronzefarbenes Blatt

2 1 × **Küchensalbei** (*Salvia officinalis*) 'Purpurescens', auberginefarbenes Blatt

3 2 × **Herbstchrysanthemen** (*Dendranthema*-Indicum-Hybriden) 'Vulkan', orangegelb

4 2 × **Hornveilchen** (*Viola cornuta*) F$_1$ 'Pure Yellow' und 3 × Patiola 'Tangarine'

5 2 × **Efeu** (*Hedera helix*) 'Glacier', dunkelgrün- weißer Blattrand

Was Sie auch nehmen können

Statt **1** 2 × Segge (*Carex comans*)
2 × Currykraut (*Helichrysum italicum*)

Statt **2** 1 × Küchensalbei (*Salbei officinalis*)
1 × Purpurglöckchen (*Heuchera*-Hybriden)

Statt **4** 5 × Hornveilchen (*Viola cornuta*)
5 × Stiefmütterchen (*Viola × wittrockiana*), farblich abgestimmt

■ Der Herbst präsentiert sich wieder einmal in den schönsten Farben. Die warmen Töne der Chrysanthemen stimmen sehr behutsam auf die bevorstehende kalte Jahreszeit ein.

renden Rahmen für diese meisterliche Herbstkombination.

Wie Sie pflanzen

Hier zeigen sich die herbstlichen Farben im allerschönsten Licht. Bronzefarbene Gräser, gelbe und orange Blütenfülle und auberginefarbenes Blattwerk zaubern eine herbstliche Balkonatmosphäre.

Aufgrund seiner Größe und dem sehr buschigen Aufbau wird der buntlaubige **Salbei** in der Mitte der hinteren Reihe gepflanzt. Hier bringt er seine weichen samtigen Blätter wunderbar zur Geltung. Ganz außen findet

das charmante Seggen-Gras den passenden Platz. Feinlaubig und grazil, sind Gräser die idealen Partner im Balkonkasten.

In der Herbstpflanzung dürfen **Herbstchrysanthemen** eigentlich nicht fehlen. Ganz bewusst ins Kastenzentrum gerückt, werden die orange-gelben Sorten zu absoluten Superstars erhoben. Diese Blütenpracht und enorme Leuchtkraft kann keiner überbieten. Vielerorts genießen die Chrysanthemen hohes Ansehen und werden mit alter Tradition verbunden In Japan verehrt man sie als die »kaiserliche Nationalblume«. Beim Kauf der Herbst-Chrysanthemen sollten Sie darauf achten, dass die Pflanzen nicht voll erblüht sind. Knospige Pflanzware entwickelt sich auch auf Ihrem Balkon noch prächtig.

Größter Beliebtheit erfreuen sich die vielblütigen **Hornveilchen.** In unserem Blumenkasten erfolgt die Pflanzung wechselweise in den Farben Gelb und Orange. Die farbliche Abstimmung zur Herbst-Chrysantheme ist dabei durchaus beabsichtigt.

Der **Efeu,** am Kastenrand gepflanzt, rundet diese Blumenkombination erst richtig ab. Schön verzweigt bleibt er auch während der Wintermonate erhalten. Im März werden kurzerhand die freien Pflanzlücken mit Frühlingsblühern bunt gefüllt, eine gelungene Ergänzung!

Wie Sie pflegen

Der Lichtbedarf der verwendeten Pflanzen ist sehr unterschiedlich. Die Herbst-Chrysanthemen hätten am liebsten so viel Licht wie irgend möglich. Der Efeu bevorzugt eher den halbschattigen oder schattigen Platz. Die tief stehende Sonne im Herbst wird glücklicherweise beiden Ansprüchen gerecht. Nur bedenken Sie, dass im schattigen Bereich das Aufblühen der Herbst-Chrysanthemen langsamer erfolgt. Das Abblühen und somit die Blühdauer verlängert sich.

Die ganz pflegeleichten Vertreter in diesem Blumenkasten sind wie so oft die Strukturpflanzen. Der **Salbei** ist durchaus winterhart, solange er nicht trocken steht oder das Substrat für längere Zeit durchfriert. Das kräftige **Seggen**-Gras hat ebenfalls gute Chancen, die kalte Jahreszeit zu überstehen. Besonders wüchsig sind diese Gräser im leicht sauren Pflanzsubstrat, auch wenn die Toleranz bezüglich der Pflanzerde sehr groß ist. Der **Efeu** fordert keine spezielle Pflege. Die weiß gerandeten Blätter sind auch im Frühjahr noch sehr attraktiv. In den kalten Wintermonaten, vor allem wenn

Barfröste die Natur beherrschen, kann eine Abdeckung mit Reisigzweigen wertvolle Dienste leisten.

Die **Herbstchrysanthemen** sind nur bedingt winterhart. Während der Blütezeit fordern sie nur ausreichend Wasser. Obwohl die Chrysanthemen zu den stark zehrenden Pflanzen gehören, wird im Herbst grundsätzlich »Diät« und »Zurückhaltung« verordnet. Verblühte Blumen werden regelmäßig ausgeschnitten, um die optische Wirkung lange zu erhalten.

Die **Hornveilchen** sind dagegen wertvolle Dauerblüher ohne besondere Ansprüche. Mit dem Wintereinbruch verliert sich die Blütenpracht und man muss sich schon bis zum nächsten Frühjahr gedulden, bis wieder neue erscheinen. Es grenzt schon an ein Wunder, wenn man beobachten darf, wie scheinbar leblose Hornveilchen im Frühjahr wieder zum Leben erwachen. Mit den ersten Sonnenstrahlen kehrt neue Lebenskraft zurück und es entwickeln sich neue Blüten oft bis in den Frühsommer hinein. Bei Bedarf können schon vorher einige Pflanzen ausgetauscht und ergänzt werden.

Tipp

Die Vielfalt von Farbe und Form der Herbst-Chrysantheme ist kaum zu toppen. Leider fehlt bei vielen Sorten die Frosthärte Um schlimmeres zu verhindern hilft manchmal schon eine leichte Abdeckung mit Zeitungspapier oder das Heranziehen an die schützende Hausmauer.

Herbstliches Blütenfinale

Die Sommerblumen sind erschöpft und die Kübel-
pflanzen wollen sich an einen geschützten Ort zurück-
ziehen. Im Balkonkasten bleibt nur Tristesse – weit
gefehlt! Bunt belaubte Stauden und herbstblühende
Pflanzen sind die wahren Stars im großen Herbstfinale.
Auch die Pflanzgefäße wurden sorgfältig ausgewählt.
Hier wurde nichts dem Zufall überlassen. Das Terra-
kottagefäß vermittelt eine warme Optik.

Erstaunlich robust

Rot geaderte silbrig-moosgrüne oder glänzende maha-
gonifarbene Blätter treffen sich zum großen Stelldich-
ein. Die rosafarbenen »Gartengirls« sind der Einladung
liebend gerne gefolgt. Wie erwartet wird das Heidekraut
zum Mittelpunkt und absoluten Superstar. Das zauberhafte Alpenveilchen bleibt bis zum ersten Frost und fei-
ert mit auf diesem Abschiedsfest. Die kriechende Horn-

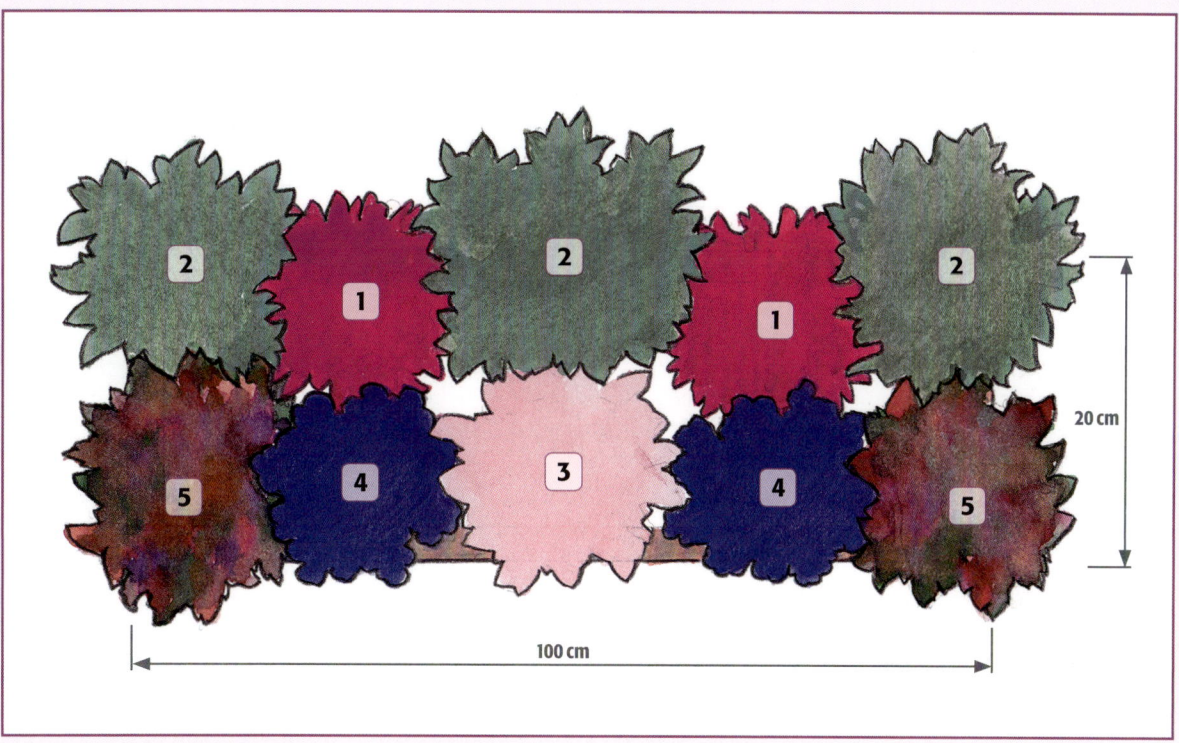

Was Sie brauchen

1 2 × **Heidekraut** (*Calluna vulgaris*) Gartengirls 'Anette', rosa

2 3 × **Purpurglöckchen** (*Heuchera*-Hybriden) 'Green Spice', moosgrün-silbriges Blatt, rot geadert

3 1 × **Alpenveilchen** (*Cyclamen persicum*) Canto F1 'Salmon', lachs mit violettem Auge

4 2 × **Bleiwurz** (*Ceratostigma plumbaginoides*), blau

5 2 × **Günsel** (*Ajuga reptans*) 'Elmblut', mahagonifarbenes Blatt

Was Sie auch nehmen können

Statt **3** 1 × Alpenveilchen (*Cyclamen persicum*)
1 × **Herbst-Chrysantheme** (*Dendranthema-Indicum-Hybriden*)

Statt **5** 2 × Günsel (*Ajuga reptans*) 2 zusätzliche Alpenveilchen der gleiche Sorte wie **3**

■ Das Heidekraut steht nicht nur wegen seiner ausgezeichneten Haltbarkeit hoch im Kurs. Die Zierkürbisse setzen die dekorativen Überraschungsmomente.

narbe sorgt für enzianblaue Blütenstimmung. Gefeiert wird bis zum ersten Schnee, dann gehen auch die letzten Blüten schlafen. Das bunte Laub bleibt noch länger.

Wie Sie pflanzen

Die Herbstbepflanzung erfolgt nach bewährter Vorgehensweise. Bei der Pflanzenauswahl stehen natürlich solche im Vordergrund, die lange ihre Blühkraft bewahren oder sogar den Winter überstehen. In unserem Beispiel sind es vorwiegend mehrjährige Stauden, die berücksichtigt werden. Einzige Ausnahme ist das **Alpenveilchen,** aber selbst diese zarte Herbstschönheit wird uns für lange Zeit erfreuen.

Grundsätzlich sollten Sie nur kräftige und abgehärtete Pflanzen verwenden, weil nur diese auch eine echte Chance haben, den Winter unbeschadet zu überstehen. Kontrollieren Sie schon beim Pflanzen, ob die Wurzeln gesund und zahlreich vorhanden sind. Als Pflanzerde verwenden Sie am besten eine gärtnerische Einheitserde. Hier sind Tonmineralien und Nährstoffe bereits zugemischt.

In der hinteren Reihe unseres Pflanzschemas fühlen sich die **Purpurglöckchen** sichtlich wohl. Gepflanzt wird so, dass auch das **Heidekraut** noch ausreichend Platz findet. Die neuen Sorten sind so genannte »Knospenblüher«, die aufgrund ihrer außergewöhnlichen

Haltbarkeit den Vorzug erhalten. In der vorderen Reihe ist am linken und rechten Rand der kriechende **Günsel** vorgesehen. Als zuverlässiger Bodendecker übernimmt diese Art hier Aufgaben einer Hängepflanze. Im Frühjahr entwickelt der Günsel eine Vielzahl von wunderschönen azurblauen Blütenkerzen über dem glänzenden mahagonifarbenen Laub.

Die **Bleiwurz** blüht schon ab September und zeigt ihre faszinierenden Blüten. Die Kombination von dunkelblauen Einzelblüten über dem rötlich gefärbten Herbstlaub wird zum echten »Hingucker«. Geschützt inmitten dieser Kastengemeinschaft entwickelt sich das rosafarbene **Alpenveilchen,** das noch viele Blüten bis zum Wintereinbruch hervorbringen wird.

Wie Sie pflegen

Die herbstliche Pflanzenpflege im Balkonkasten ist erfreulicherweise mit wenig Aufwand verbunden. Der Zuwachs der Pflanzen ist gering und der benötigte Nährstoffbedarf ist über die Grunddüngung des frischen Substrates gesichert. Zusätzliche Düngemaßnahmen sind nicht empfehlenswert, weil die Pflanzen mit dem Wachstum abschließen und widerstandsfähig in den Winter gehen sollen.

Das wichtigste Augenmerk gehört der Wasserversorgung. Keinesfalls vertragen die Pflanzen zu viel Wasser. Kontrollieren Sie deshalb schon bei der Pflanzung, ob der Wasserabzug im Kasten gewährleistet ist. Der Großteil unserer Herbstpflanzen bevorzugt ein gleichmäßig feuchtes Pflanzsubstrat. Trockenheit, genauso wie das Durchfrieren des Pflanzsubstrates, ist mit erheblichen Qualitätsverlusten verbunden.

Grundsätzlich kann das **Heidekraut** den Winter auf dem Balkon überstehen. In frostigen Zeiten empfiehlt es sich, das Pflanzgefäß mit einem Mantel aus Strohmatten, Styroporplatten oder Noppenfolie zu schützen. Tannen- und Fichtenreisig helfen das oberirdische Zurückfrieren unserer Stauden zu verhindern. Auf diese Art und Weise sind selbst die krautigen Pflanzen, wie zum Beispiel das **Purpurglöckchen** oder der **Günsel,** sehr gut für den Winter vorbereitet. Gleiches gilt auch für die **Bleiwurz.** Im Frühjahr kann, wenn notwendig, vertrocknetes Pflanzenmaterial zurückgeschnitten und der neue Austrieb angeregt werden.

Das nicht winterharte **Alpenveilchen** wird nur bis zum ersten Frost seine Schönheit bewahren. Bis dahin verhält es sich absolut pflegeleicht. Wer mag, kann vereinzelt abgeblühte Blüten auszupfen oder ein gelbes Herbstblatt entfernen. Bei Temperaturen nahe dem Nullpunkt zahlt sich Frostschutz aus. Einfach näher ans Haus heran rücken oder eine Abdeckung mit Zeitungspapier anbieten. Der freie Platz lässt sich später mit selbst gestalteten Strohmännchen oder Windspielen besetzen.

Tipp

Zur stimmungsvollen Balkongestaltung gehören nicht nur die attraktiven Pflanzen, sondern auch die passenden Pflanzgefäße, das raffinierte Accessoire oder der ein oder andere kleine Deko-Trick. Herbstliche Zweige und Früchte, wie Zierkürbis oder Zierquitte sind willkommene Stimmungsmacher. Windlichter in Laterne und bunten Gläsern setzen nicht nur im Herbst strahlende Akzente.

Praxis
Balkonkästen

Probieren Sie aus,
nach Lust, Laune und Geschmack.
Noch mehr Spaß macht es,
wenn Sie das eine oder andere beachten.

Balkonpflanzen richtig pflegen

Gestaltungsregeln

Werden mehrere Kästen für den Balkon bepflanzt, muss auf ein harmonisches Gesamtbild geachtet werden. Dabei kann der Einzelkasten symmetrisch oder asymmetrisch gestaltet sein. Die Reihenfolge der Balkonkästen wird vorher festgelegt und verfolgt konsequent einen bestimmten Pflanzrhythmus.

Die Beachtung des Wuchscharakters ermöglicht die Gestaltung der Kästen in verschiedenen Höhen und Tiefen. Üblicherweise werden hohe, aufrecht wachsende Arten in der hinteren Pflanzreihe platziert. In den Pflanzlücken davor sind die niedrig wachsenden Pflanzen vorgesehen und am Kastenrand die Hängepflanzen.

Das Grundgerüst im Pflanzgefäß bilden die **Leitpflanzen.** In der Regel sind dies dominante Arten, die optische Akzente setzen oder die gewünschte Farbe vorgeben. Die **Beipflanzen** sind es, die mit farblichen Reizpunkten für Harmonie sorgen und eine abwechslungsreiche Höhenstaffelung im Kasten ermöglichen. Grundsätzlich können **Hängepflanzen** sowohl die Aufgaben einer Leit- als auch einer Beipflanze erfüllen. Aber völlig unabhängig davon ermöglichen sie die kaskadenförmige Kastengestaltung und sorgen für einen herrlichen Blickfang.

Ein kleiner Tipp: Alle **bodendeckenden Beetpflanzen** am Kastenrand gepflanzt, wirken wie Hängepflanzen. Damit wird die Auswahl der Pflanzen mit hängendem Wuchscharakter deutlich vergrößert.

Farben und Kombinationen

Bei der Gestaltung der Balkonkästen spielen Farben eine herausragende Rolle. Natürlich entscheidet letztlich der persönliche Geschmack, wobei der **Farbkreis** trotzdem wertvolle Hilfestellungen bieten kann.

Die sechs wichtigen Farbgruppen sind Gelb, Rot und Blau sowie die **Mischfarben** Orange, Violett und Grün. Die Kombinationen von eng verwandten Farbtönen (Farbverlauf), wie zum Beispiel Goldgelb und Orange oder Blau, Blauviolett und Rot, sind eine Wohltat für die Augen. Diese **Ton-in-Ton-Kompositionen** sind durch farbliche Harmonie und Ausgewogenheit gekennzeichnet.

Im Gegensatz dazu erzeugen die »**Komplementärfarben**« starke Kontraste. Diese Farben stehen sich im Farbkreis genau gegenüber. Die klassischen Beispiele dafür sind Grün und Rot, Orange und Blau oder Gelb und Violett. All diese spannungsreichen Farbzusammenstellungen sind in ihrer Leuchtkraft kaum zu überbieten. Wer darüber hinaus auf Fernwirkung großen Wert legt, wird helle und leuchtende Farben wie Gelb, Orange und Rot mit berücksichtigen. Ebenfalls sehr kontrastreich gestaltet sich die Wirkung der warmen und kalten Farben zueinander. Innerhalb dieser Gruppen ergeben sich wiederum sehr harmonische Farbbilder. Mit dem farblichen »Dreiklang« lassen sich die unterschiedlichsten Wirkungen zaubern. Von zart, lieblich pastellfarben bis knallig bunt, fast jeder Wunsch kann erfüllt werden.

Der Balkoncheck

Bevor Sie mit der Bepflanzung beginnen, prüfen Sie die Lage Ihres Balkons. Die Auswahl der möglichen Pflanzen wird stark durch die Himmelsrichtung und die örtlichen Gegebenheiten bestimmt. Eine große Zahl der Balkonblumen bevorzugt helle und sonnige Standorte. Die **Süd-, Südwest- oder Südostlage** ist dafür

■ Balkonblumen bieten reichlich Farbe, die einen ganzen Farbkreis füllt. Hier kann man aus dem Vollen schöpfen – das macht richtig Spaß.

bestens geeignet. **Ost- und Westlagen** bieten zumindest zeitweise Halbschatten. Dennoch scheint der Ostbalkon mit seiner warmen Morgensonne und dem kühlen Schatten am Nachmittag oft besser geeignet zu sein als vergleichsweise der Westbalkon Aber besonders aus westlichen Richtungen muss mit starken Regenfällen und Wind gerechnet werden. Auf dem

Nordbalkon oder an stark beschatteten Standorten gedeihen nur die Schatten liebenden Pflanzen.

Pflanzgefäße
Große Pflanzgefäße bieten mehr Platz für das Wurzelwerk. Je größer das Substratvolumen, desto ausgeglichener ist der Wasserhaushalt und die Nährstoff-

aufnahme im Wurzelraum. Damit ersparen Sie den Pflanzen viele kleine Stresssituationen. Letztendlich danken es die Pflanzen mit üppigem Wachstum und herrlicher Blütenpracht.

Sehr empfehlenswert sind **große Balkonkästen** mit einer Breite und Tiefe von jeweils 20 Zentimeter. Unabhängig davon, achten Sie immer auf sicheren **Wasserabzug.** Erfahrungsgemäß »ertrinken« die meisten Pflanzen im Pflanzgefäß und erholen sich dann nur mühsam. Um dies zu vermeiden, empfiehlt es sich, die Wasserabzugsöffnungen auch während der Saison regelmäßig zu prüfen.

Wer ganz sichergehen will, kann im unteren Bereich der Pflanzkästen eine **Dränageschicht,** zum Beispiel mit Blähton einfüllen und so eine künstliche »Sicherheitszone« schaffen. Eine Vliesabdeckung zwischen Dränageschicht und Pflanzerde bitte nicht vergessen.

Pflanzsubstrate

Fertige Pflanzerden werden im Fachhandel zur Genüge angeboten. Die meisten Produkte sind für den Balkonkasten sehr gut geeignet. Unter dem Begriff **»Einheitserden«** erhalten Sie hochwertige Qualitätserde. Üblicherweise ist die Nährstoffversorgung für die ersten Wochen sichergestellt, sodass nicht sofort nachgedüngt werden muss.

Richtiges Pflanzen

Die Balkonpflanzen werden in der Regel im Plastiktopf erworben. Achten Sie beim Austopfen darauf, dass die Wurzeln auch wirklich gesund sind. Dies ist leicht an den weißen Wurzelspitzen zu erkennen. Bevor gepflanzt wird, empfiehlt es sich, ausgetrocknete Wurzelballen für einen Moment in ein Wasserbad zu tauchen, damit dieser sich vollsaugen kann. Achten Sie beim Einpflanzen auf eine einheitliche Pflanzhöhe. Am besten den Wurzelballen etwa zwei Zentimeter mit Subst-

■ Einpflanzen Schritt für Schritt: Zunächst den Kasten mit Substrat füllen.

■ Schon beim Austopfen auf gesunde, weiße Wurzeln achten.

rat bedecken und kräftig andrücken. Pflanzen Sie nicht zu hoch, ansonsten werden Ihre Pflanzen immer Durst leiden. Zu tiefes Pflanzen kann dagegen Fäulnis am Wurzelhals verursachen.

Ein **Gießrand** von zwei Zentimeter verhindert unliebsame »Überschwemmungen«.

Düngung

Bei einer Frühjahrs- oder Herbstbepflanzung ist die zusätzliche Nachdüngung meist nicht notwendig.

Die **Grunddüngung** der Pflanzsubstrate ist absolut ausreichend, um in dieser Jahreszeit die Pflanzen bestens zu versorgen. Ganz anders liegt der Fall bei der Sommerbepflanzung. Hier entscheidet vor allem die Wasserversorgung und die **Nachdüngung** über die Schönheit, die Üppigkeit und das Durchblühen der Balkonblumen. Bei Verwendung von Einheitserden beginnt die Nachdüngung etwa drei Wochen nach der Pflanzung.

■ **Die Pflanzen anordnen und gut andrücken, zum Schluss gut angießen.**

Als grobe Richtlinie kann gelten: zehn Gramm Dünger (Nährstoffverhältnis 15:11:15) in einer Fünf-Liter-Gießkanne aufgelöst, reichen für einen Blumenkasten von einem Meter Länge. Insgesamt sind während der 15-wöchigen Sommerperiode circa 50 bis 75 Gramm Dünger pro laufenden Meter Balkonkasten zu verabreichen. Bei ungenügender Nachdüngung werden die Pflanzen nie ihre volle Blütenpracht erreichen und sich womöglich im Herbst schon frühzeitig verabschieden. Außerdem können Eisenmangelsymptome auftreten, die allerdings mit dem Eisendünger »Optifer« sehr erfolgreich behoben werden können.

Wer für die regelmäßige Düngung keine Zeit aufwenden kann, mischt der Pflanzerde einen Langzeitdünger bei. Als Anhaltswert gelten hier fünf Gramm **Langzeitdünger** pro Liter Substrat, um den Nährstoffbedarf für mindestens drei Monate sicherzustellen. Die langsame Freisetzung der Nährstoffe erfolgt temperatur- und feuchtigkeitsabhängig. Ähnlich wie bei einer Nachdüngung mit Düngestäbchen oder Dünge-Tabletten.

Wasserversorgung

Der Unterschied zwischen einer prachtvollen und einer wenig attraktiven Bepflanzung liegt oft am Pflege- und Versorgungszustand. An heißen Sommertagen können bis zu zehn Liter Wasser pro laufenden Meter Balkonkasten benötigt werden. Mit einmaligem Gießen kann diese Wassermenge unmöglich verabreicht werden. In solchen Fällen kann eine Gießhilfe oder eine automatische Bewässerungsanlage viel Arbeit ersparen.

Dem **Balkonkasten mit Wasservorrat** sieht man es zunächst von außen nicht an, dass hier mit doppeltem Boden gearbeitet wird. Über selbstansaugende Dochte oder Steinwollkeile wird das Wasser von unten nach oben in den Wurzelraum transportiert. Je nach Pflanzgefäß stehen im Wasserspeicher bis zu zehn Liter Wasser zur Verfügung. Diese Menge reicht üblicherweise

■ Regelmäßiges Gießen ist unerlässlich. Beim Pflanzen den Gießrand beachten.

aus, um ein verlängertes Wochenende oder die ganz heißen Tage des Jahres zu überstehen. Eine besonders intelligente Lösung bietet dabei der **»Gärtnerkasten«**. Gemeinsam mit einem so genannten **»Starterkasten«** können ganze Balkonfassaden automatisiert werden. Voraussetzung ist allerdings, dass alle Balkonkästen auf einer Ebene stehen und über Schlauchverbindungen verbunden sind.

Automatische Systeme

Die **selbstregulierenden Tropfersysteme** reagieren ganz individuell auf den Feuchtegehalt der Pflanzerde. Die Wasserabgabe erfolgt drucklos und tröpfchenweise. Die Einzeltropfer können sehr bequem über Dosierregler an alle Gegebenheiten angepasst werden. Diese Systeme sind immer dann besonders vorteilhaft, wenn Pflanzgefäße mit unterschiedlichem Wasserbedarf versorgt werden, weil zum Beispiel die einen in der prallen Sonne, andere noch im Schatten stehen.

■ Ein Balkonkasten mit Wasservorrat kann ein Wochenende überbrücken.

■ Tropf-Blumat-Kerzen reagieren automatisch auf die Substratfeuchte.

Tropfsysteme mit Magnetventil bieten eine vollautomatische Steuerung. Die Regulierung erfolgt über Substratfeuchtefühler (Tensiometer). Die Wassermenge wird über die Gießdauer und die Anzahl der Tropfer im Blumenkasten geregelt.

Wer über keinen direkten Stromanschluss verfügt, kann auf einen einfachen Bewässerungscomputer mit Batterieversorgung zurückgreifen. Das Gerät wird direkt am Wasserhahn aufgeschraubt und kann mit Feuchtefühler oder als Zeitschaltuhr betrieben werden. Pro Tag sind mehrere Bewässerungsvorgänge möglich, und wer gerne möchte, kann zwischenzeitlich die Blumen- und Gemüsebeete, das Gewächshaus oder auch nur den Rasen wässern. Die Bedienung ist denkbar einfach und erfordert kein besonderes technisches Geschick. Einzig die Überprüfung oder ein Tausch der Batterie zum Saisonstart kann notwendig sein.

Blühpausen kurz halten

Viele Balkonblumen bilden nach der Blüte Samen und Früchte, was eine unerwünschte Blühpause oder -verzögerung einleiten kann. Regelmäßiges **Entfernen der abgeblühten Blüten** verhindert den Samenansatz, regt neues Wachstum an und fördert die Bildung neuer Blüten. Auf diese Art und Weise erfolgt eine ständige Erneuerung und die Pflanzen bleiben gut in Form.

Manchmal hilft allerdings nur Geduld. Die sogenannten vernalisationsbedürftigen Pflanzen benötigen kühle Temperaturen um neue Blüten hervorzubringen. Obwohl nur wenige kalte Nächte oder Tage dafür ausreichen, kann dies im Sommer durchaus zu Blühverzögerungen führen. Vielleicht mag es ein Trost sein, wenn die Blühpause besonders lange ausfallen, dass zumindest der Sommer schön warm und sonnig gewesen ist.

■ Keine Last, sondern Vergnügen: Verblühtes ausschneiden oder ausbrechen. Nicht nur wegen der optischen Schönheit, sondern auch um Blühpausen kurz zu halten.

Pflanzenporträts

Die schönsten Balkonblumen
für Frühling, Sommer und Herbst,
für Blattschmuck und Struktur.

Die schönsten Balkonblumen

Das Pflanzensortiment für den Balkon beginnt mit A wie *Ageratum* und endet mit Z wie *Zinnia*. Dazwischen liegt eine Vielzahl von bestens bewährten Arten, die allesamt dazu beitragen, dass wir für verschiedene Geschmacksrichtungen und Situationen die jeweils passende Pflanze auswählen können. Balkonblumen sind allerdings nicht nur Sommerblumen, sondern es zählen auch Arten für die Frühlings- und die Herbstbepflanzung dazu. Auch in diesen Jahreszeiten muss man auf ein »blühendes Balkonien« nicht verzichten.

In der modernen Balkongestaltung finden sich zunehmend grüne und buntlaubige Gräser oder imposante Strukturpflanzen wieder, ebenso wie einjährige Kletterer oder attraktive Bodendecker. Selbst mehrjährige Stauden oder auch Gemüse finden inzwischen ihren Platz im Balkonkasten oder auf der Terrasse.

Das Sortiment ändert sich von Jahr zu Jahr. Die Neugierde der Züchter und Balkongärtner ist ungebrochen, ständig sind sie auf der Suche nach neuen Farben und positiven Eigenschaften, um noch bessere Qualitäten für die Praxis zu entdecken. Dabei stehen nicht immer neue Arten im Mittelpunkt, sondern auch deren Sorten mit ihren spezifischen Eigenschaften. Nicht jede Neuentwicklung hat eine Erfolgsstory, aber viele Neuheiten haben sich erstaunlich schnell etabliert. Die Entwicklung wird weitergehen, man darf gespannt sein.

Pflanzen für den Frühlingsbalkon

Akelei

Aquilegia-Arten

Die zauberhaften Blüten erscheinen von April bis Juni. Durch intensive Züchtung sind traumhafte Blütenfarben, Farbkombinationen und Pflanzengrößen entstanden. In frischer Pflanzerde gedeihen sie am schönsten.

Tausendschön

Bellis perennis

Das Tausendschön gehört zu den beliebtesten Frühlingsboten. Ab März erscheinen die attraktiven Blüten in Rot, Rosa, Weiß, gefüllt oder pomponartig. Erst mit den warmen Sommertemperaturen lässt die Blühwilligkeit nach.

Schötterich

Erysimum-Hybriden

Die neuen Sorten sind besonders kompakt und buschig. Die Blüten erscheinen in den schönsten Frühlings-farben in Gelb, Orange bis Kirschrot und Purpurlila. Manche Sorten duften süß nach Blütenhonig.

Frühlingsmargerite

Leucanthemum hosmariense

Über dem feinfiedrigen, silbrig-glänzenden Laub präsen-tieren sich die großen weißen Blüten. Die Blütezeit beginnt im März und endet mit den warmen Tempera-turen des Frühsommers.

Primel, Kissenprimel

Primula vulgaris

In den Frühlingsmonaten öffnen sich bis zu 30 Einzel-blüten. In geschützten, kühlen Lagen fühlen sich Kissen-primeln besonders wohl und blühen üppig. Je wärmer der Standort, desto schneller die Blütenentwicklung.

Primel, Kugelprimel

Primula denticulata

Der ausdauernde Frühlingsblüher wird aufgrund seines auffälligen Blütenstandes Kugelprimel genannt. Beson-ders wirkungsvoll kommen Kugelprimeln in Kombination mit flachen kleinblütigen Frühjahrsblühern zur Geltung.

Schaumblüte

Tiarella wherryi

Unzählige Blütenrispen mit weißen Schaumkerzen und rosa Knospen geben dieser Pflanze den Namen. Der kühle Herbst verwandelt das dunkelgrüne, schwarz gezeichnete Blattwerk in ein leuchtendes Kupferrot.

Stiefmütterchen

Viola × wittrockiana

Die Sortenauswahl mit leuchtenden Farben ist riesengroß. Stiefmütterchen sind zweijährige Pflanzen, die bei früher Aussaat bereits im Herbst zur Blüte kommen und nach der Winterpause aufs Neue erwachen.

Pflanzen für den Sommerbalkon

Gauchheil

Anagallis monellii

Im Sommer entwickeln sich schnell königsblaue Blütenkissen zu einem magischen Blickfang. Die Vermehrung erfolgt über Saatgut und Stecklinge. Leider erscheinen die Blüten nicht immer termingerecht zur Pflanzsaison.

Strauchmagerite

Argyranthemum frutescens

Die Gartenlieblinge blühen weiß, gelb und rosa in voller Sonne. Am schönsten gedeiht die Pflanze, wenn viel gedüngt und reichlich gegossen wird. Das Ausschneiden der verblühten Blüten fördert die Nachblüte.

Begonie, Knollenbegonien

Begonia-Hybriden

Die Sortenvielfalt lässt kaum Wünsche offen. Knollen-
begonien bevorzugen einen warmen Standort im lichten
Schatten. Die kräftigen Farben und unterschiedlichen
Wuchsformen begeistern immer wieder aufs Neue.

Zweizahn

Bidens ferulifolia

Die Wildformen aus Amerika sind dort ungeliebte
Unkräuter. Bei uns sind sie gern gesehene Balkonpflanzen, die im Sommer kräftige goldgelbe Blütenmeere
bilden, die bis zum Herbst ihre Schönheit erhalten.

Blaues Gänseblümchen

Brachyscome multifida

Die zarten blauen Blüten erscheinen von Mai bis
Oktober. Die Pflanzen bevorzugen einen sonnigen
oder halbschattigen Standort. Sie sollten gleichmäßig
mit Wasser versorgt werden und nicht austrocknen.

Pantoffelblume

Calceolaria-Hybriden

Die gelben Blüten werden gerne von Bienen und Hummeln angeflogen. Bei aufmerksamer Pflege blühen die
Pflanzen bis in den Herbst. Empfindlich reagieren sie
auf hohe pH-Werte im Substrat und auf Staunässe.

Chinanelke

Dianthus chinensis

Die zierliche Pflanze mit dem grazilen Laub wird auch Kaisernelke genannt. Das Farbspektrum der Blütenblätter reicht von weiß über rosa bis dunkelrot. Diese unermüdlichen Dauerblüher stammen aus China und Korea.

Elfensporn

Diascia-Hybriden

Die Heimat des Elfensporns ist Südafrika. Die kleinen zarten Röhrenblüten, die ab Mai erscheinen, und der leicht hängende Wuchs verleihen der robusten Pflanze einen lieblichen, romantischen Charme.

Fuchsie

Fuchsia-Hybriden

Die zahlreichen Fuchsien-Sorten gedeihen auch in regenreichen, kühlen Sommern. Sie bevorzugen lichten Schatten, hohe Luftfeuchte und einen nicht zu heißen Standort.

Mittagsblume

Gazania-Hybride

Diese Korbblütler öffnen ihre Blüten mit den ersten Sonnenstrahlen, bleiben aber geschlossen bei Dunkelheit oder Regen. Die vielen Sorten bieten ein komplettes Farbsortiment. Gazanien sind Sonnenanbeter.

Vanilleblume

Heliotropium arborescens

Die dunkellilafarbenen Blütenstände duften angenehm nach Vanille und locken daher Schmetterlinge und Bienen an. Am wohlsten fühlen sie sich in voller Sonne, bei mäßig feuchtem Substrat. Blütezeit von Mai bis Oktober.

Fleißiges Lieschen

Impatiens walleriana

Das Fleißige Lieschen stammt aus dem tropischen Ostafrika. Am besten gedeiht es im lichten Schatten bei ausreichender Wasser- und Nährstoffversorgung. Blütezeit von Mai bis Oktober.

Edellieschen

Impatiens-Neuguinea-Hybriden

Edellieschen bevorzugen einen hellen Schattenplatz und benötigen ausreichende Wasser- und Nährstoffgaben. Die neuen Sorten der Serie Sun Patiens sind besonders wüchsig und reichblühend, sogar in voller Sonne.

Männertreu

Lobelia erinus

Das Männertreu stammt ursprünglich aus Südafrika. Vorzugsweise wächst es an sonnigen oder hellen schattigen Standorten und blüht von Mai bis September. Auf Trockenheit oder Staunässe reagieren sie meist empfindlich.

Elfenspiegel, Nemesie

Nemesia strumosa

Die leuchtenden Farben, die aparte Blütenform und der zierliche, oft überhängende Wuchs zeichnen diese Südafrikaner aus. Ein Rückschnitt ermöglicht einen zweiten Flor.

Ziertabak

Nicotiana × sanderae

Ursprünglich stammen die Pflanzen aus Süd- und Mittelamerika. Die Blüten erscheinen von Mai bis Oktober in den Farben Weiß, Lime, Rosa, Rot bis Violett. Bei Blühpausen bringt ein Rückschnitt einen zweiten Flor.

Nachtkerze

Oenothera fruticosa

Die zitronengelben Blüten öffnen sich nicht nur in der Nacht, sondern glücklicher Weise auch am Tage. Die Blütezeit erstreckt sich von Mai bis September. In geschützten Lagen sind die Pflanzen sogar winterhart.

Kapkörbchen

Osteospermum ecklonis

Ähnlich wie Mittagsblumen öffnen sich die Blüten der Kapkörbchen mit den ersten Sonnenstrahlen. Bei Dunkelheit oder Regen bleiben sie geschlossen. Die Symphonie-Sorten blühen ohne Blühpause.

Geranie, Pelargonie

Pelargonium-Hybriden

Robust, ausdauernde Blüte und eine sensationelle Fernwirkung sind die Vorzüge der Geranie. Kein Wunder also, dass die Sorte 'Baroness Sophie' zur Balkonpflanze des Jahres 2011 gewählt wurde.

Petunia, großblumige Sorten

Petunia-Hybriden

Nahezu ungezähmtes Wachstum und Blüten im Überfluss bieten die vegetativ vermehrten, großblumigen Petunien. Dafür sind eine reichliche Nährstoff- und Wasserversorgung sowie ein Regenschutz nötig.

Petunia, kleinblumige Sorten

Calibrachoa-Hybriden

Diese kleinblumigen »Zauberglöckchen« sind streng genommen keine Petunien, ihre Ansprüche sind jedoch sehr ähnlich. Regenschutz ist ratsam, ebenso wie eine ausreichende Nährstoffversorgung, v. a. mit Eisen.

Mehlsalbei

Salvia farinaceae

Die blauen, weißen oder zweifarbigen Blüten der Salbeisorten erscheinen von Mai bis zum ersten Frost. Am wohlsten fühlen sich die beliebten Mittelamerikaner auf warmen sonnigen oder halbschattigen Standorten.

Husarenknopf

Sanvitalia procumbens

Die Blüte der Südafrikanerin hat Ähnlichkeit mit einer kleinen Sonnenblume. Die unzähligen Einzelblüten des robusten Korbblütlers bilden ein imposantes »Blütenkissen« bis zum ersten Frost.

Blaue Fächerblume

Scaevola aemula

Die Pflanzen sind robust und pflegleicht. Das Wachstum und damit die Blütezeit enden spät im Herbst mit den ersten Nachtfrösten. Wie bei fast allen Australiern sollte auf ausreichende Eisenversorgung geachtet werden.

Schneeflockenblume

Sutera grandiflora

Die zierlichen Lippenblüten aus Südafrika können den Betrachter verzaubern. Besonders schön entwickeln sich die Pflanzen im hellen Schatten mit Regenschutz. Empfindlich gegen Ballentrockenheit und Staunässe.

Studentenblume

Tagetes patula, Tagetes tenuifolia

Die Studentenblumen wurden intensiv züchterisch bearbeitet. Da der Duft nicht jedermanns Sache ist, sind die meisten neuen Sorten geruchslos. Ursprünglich stammen die Pflanzen aus Mittelamerika und Mexiko.

Schwarzäugige Susanne

Thunbergia alata

Die beliebten Kletterer gibt es in den Farben Gelb und Orange. Die neuen Sorten sind noch wüchsiger und die Blüten deutlich größer. In warmen und sonnigen Lagen gedeihen die Pflanzen besonders gut.

Kapuzinerkresse

Tropaeolum majus

Die nahezu anspruchslosen Pflanzen stammen aus Süd- und Mittelamerika. Die Blüten sind nicht nur sehr attraktiv, sondern auch essbar. Ebenso werden die Knospen und jungen Blätter in der Küche geschätzt.

Eisenkraut, Verbene

Verbena-Hybriden

Die beliebten Beet- und Balkonblumen wachsen je nach Art aufrecht oder niederliegend. Die kompakten Neuzüchtungen sind meist deutlich widerstandsfähiger gegenüber Mehltau als die alten Sorten.

Zinnie

Zinnia angustifolia

Der niedrige Wuchs und die schmalen Blätter verleihen dieser Zinnien-Art ein besonders graziles Aussehen. Die ungefüllten Blüten sind deutlich witterungsbeständiger und damit besser geeignet als gefüllt blühende.

Herbstbalkon

Heidekraut

Calluna vulgaris

Die Blüten des Heidekrautes verharren im sogenannten »Knospenstadium«. Dadurch wird das Verblühen verhindert und ein langanhaltender Flor gewährleistet. Ideal für sie ist eine mäßig feuchte, kalkarme Pflanzerde.

Bleiwurz

Ceratostigma plumbaginoides

Die leuchtenden enzianblauen Blüten entfalten sich ab September über viele Wochen. Das Laub verfärbt sich dabei schon herbstlich Orange bis Purpurrot. Die Pflanzen sind äußerst robust und pflegeleicht.

Alpenveilchen

Cyclamen persicum

Die Vielzahl der Blütenfarben, Blattzeichnungen und Wuchsformen verhelfen dem Alpenveilchen derzeit zu einer wahren Renaissance. In geschützten Lagen trotzen sie ausdauernd dem herbstlichen Klima.

Herbstchrysantheme

Dendranthema-Indicum-Hybriden

Leuchtende Herbstfarben für trübe Tage – mehr Farbe geht eigentlich nicht! Leider verabschiedet sich die Blütenpracht oft mit den ersten strengen Frösten. Als Schutz hilft eine Folie oder Zeitung zum Abdecken.

Hornveilchen

Viola cornuta

Die Hornveilchen stammen aus den Pyrenäen. Vielleicht sind sie deshalb so robust und anspruchslos. Im Winter unterbricht erst die geschlossene Schneedecke die Blütezeit. Im Frühjahr beginnt alles wieder aus Neue.

Lakritz-Kalmus

Acorus gramineus

Diese Blattschmuckpflanze behält auch im Winter Form und Farbe und stellt einen wunderbaren Blickfang dar. Die zierlich-eleganten Halme sind fächerförmig angeordnet und je nach Sorte weiß oder gelb längsgestreift.

Struktur- und Blattschmuckpflanzen

Günsel

Ajuga reptans

Je nach Sorte sind die Blätter mahagonifarben, grün oder mehrfarbig gefleckt. Die unscheinbaren blauen Blüten erscheinen meist im Frühjahr. Ausgepflanzt kommt es zur starken, häufig unerwünschten Ausläuferbildung.

Segge

Carex-Arten

Die schlanken aufrecht wachsenden Gräser stammen aus Neuseeland. Mit ihrem eleganten Wuchs erhalten Pflanzkombinationen eine besondere Leichtigkeit, was sie ideal für Frühjahrs- und Herbstbepflanzungen macht.

Gundermann

Glechoma hederacae

Diese heimische, ausdauernde Struktur- und Blattschmuckpflanze kommt besonders als überhängendes
Blattgrün zur Geltung. Im lichten Schatten und bei
gleichmäßiger Substratfeuchte gedeiht sie am besten.

Currykraut

Helichrysum italicum

Der starke Duft der Blüten und Blätter erinnert an
Curry. In der mediterranen Küche werden junge Triebe
zum Würzen von Saucen, Fisch- und Fleischgerichten
verwendet. Die Blütezeit reicht von Mai bis September.

Aschenranke

Helichrysum petiolare

In voller Sonne und bei guter Nährstoffversorgung ist
diese Strukturpflanze besonders wüchsig. Schwachwachsende Nachbarn haben oft Probleme sich zu
behaupten. Manchmal hilft hier nur der Griff zur Schere.

Efeu

Hedera helix

Im Balkonkasten finden die zahlreichen Sorten des
Efeus als Hänge- und Blattschmuckpflanze Verwendung. Efeu ist absolut anspruchslos und gedeiht in voller Sonne ebenso wie im dunklen Schatten.

Purpurglöckchen

Heuchera-Hybriden

Ursprünglich stammen die Pflanzen aus Nordamerika und Mexiko. Die attraktiven Blattschmuckpflanzen passen in jede Bepflanzung. Ihre purpurroten oder cremefarbenen Glöckchen erscheinen im Frühjahr.

Süßkartoffel

Ipomoea batatas

Die Blüten sind unauffällig, dafür begeistert das farbkräftige ausdrucksstarke Blattwerk umso mehr. Im Halbschatten wachsen die Pflanzen besonders üppig. Die Knollen sind essbar.

Küchensalbei

Salvia officinalis

Der Küchensalbei wird als Gewürzkraut sehr geschätzt. Viele Sorten sind winterhart. Im Balkonkasten finden vor allem die buntblättrigen Zierformen Verwendung. Der Salbei bevorzugt einen warmen Platz in voller Sonne.

Buntnessel

Plectranthus (Syn.: Solenostemon) scutellarioides

Die Natur zeichnet hier das Blattwerk in den schönsten Farben, es gibt eine Fülle verschiedener Sorten. Volle Sonne kann bei ihnen zu Blattverbrennungen führen, idealer Standort ist daher der helle Schatten.

Adressen, die Ihnen weiterhelfen

Garten-Versandhandel

Das aktuelle Sortiment von Beet-
und Balkonpflanzen erhalten Sie
in allen gut sortierten Gärtnereien
und Gartencentern.

Garten-Versandhandel

Gärtnerei Pötschke
Beuthener Sraße 4
41564 Kaarst
Tel. 0 21 31/7 93-3 33
www.gaertner-poetschke.de

Dehner
86640 Rain am Lech
Tel. 0 90 90/77-0
www.dehner.de

Bewässerungssysteme

Willi Goebel GmbH
Industriestrasse 4
59929 Brilon
Tel. 0 29 61/97 79-28
www.goebel-kunststoffe.de
(System Gärtnerkasten)

Tensio-Technik Edith Bambach
Peter-Spring-Str.18
65366 Geisenheim
Tel. 0 67 22/97 21 68
www.blumat.de
(Tropf-Blumat)

Wilhelm Haug GmbH
72119 Ammerbach
Tel. 0 70 73/3 02-0
www.manna.de
(Manna-Sunshine Balkonkasten
mit Wasservorrat)

Staudinger GmbH
Schönbühler Strasse 5
84180 Loiching
Tel. 0 87 31/50 69-0
www.staudinger-est.de
(Tropfbewässerung über
Tensiometer)

Werkstätte für Behinderte
Gartenstrasse 40
85354 Freising
Tel. 0 81 61/5 38 10
www.lebenshilfe-fs.de
(Tropfbewässerung über
Tensiometer)

Beckmann KG
Simoniumstrasse 10
88239 Wangen/Allgäu
Tel.: 0 75 22/60 65
www.beckmann-kg.de
(Beta-8-System)

Gardena
Hans-Lorenser Str. 40
89017 Ulm
Tel. 07 31/49 01 23
www.gardena.de
(Gardena-System)

Wenninger KG
A-6410 Telfs/Tirol
Tel. + 43/52/62-6 24 35
www.blumat.at
(Tropf-Blumat)

Informationsstellen für Hobbygärtner

www.gartenakademien.de

Informationsstelle
Weihenstephan
Hochschule Weihenstephan-
Triesdorf
Am Hofgarten 4
85354 Freising-Weihenstephan
Tel.: 0 81 61/71-0
www.hswt.de/fgw/infodienst

Die Bayerische
Gartenakademie
An der Steige 15
97207 Veitshöchheim
Tel.: 09 31/98 01-142
www.stmelf.bayern.de/garten

Stichwortverzeichnis

Bildnachweis

Benary: 86ur
Borstell: 40, 83ol
Florapress/Nova Photo Graphik:
  81ul
GBA/Didillon: 83ur
Haas: 56, 79ol, 79ur, 88ol
Kientzler: 77ol, 77or, 78ul, 86or,
  87or, 87ul, 88ur, 89ol, 89or, 89ul
Redeleit: 72
Reinhard: 76l, 78ul, 79or, 8our,
  81ur, 82ol, 82ur, 84ol, 86ul,
  88or

Strauß: 1, 2/3, 6, 8, 13, 16, 20, 24,
  28, 32, 36, 44, 48, 52, 60, 64,
  66, 69, 70, 71, 73, 74, 76r, 77ul,
  77ur, 78or, 78ur, 79ul, 80ol,
  80or, 80ul, 81ol, 81or, 82or,
  82ul, 83or, 83ul, 84or, 84ul,
  84ur, 85ol, 85or, 85ul, 85ur,
  86ol, 87ol, 87ur, 88ul, 89ur

Grafiken: Sylvia Bespaluk

Über den Autor

Hans-Peter Haas ist Betriebsleiter am Institut für Gartenbau Weihenstephan in Freising bei München. Neben seiner Lehrtätigkeit an der Hochschule Weihenstephan arbeitet Hans-Peter Haas im Bereich Vermehrung von Zierpflanzen mit Schwerpunkt Beet- und Balkonpflanzen. Außerdem testet er regelmäßig die aktuellen Sortimente der Züchter im Bereich der Beet- und Balkonpflanzen.

Impressum

Bibliografische Information der Deutschen Nationalbibliothek

Die Deutsche Nationalbibliothek verzeichnet diese Publikation in der Deutschen Nationalbibliografie; detaillierte bibliografische Daten sind im Internet über http://dnb.d-nb.de abrufbar.

2. durchgesehene Auflage

BLV Buchverlag
GmbH & Co. KG

80797 München

© 2013 BLV Buchverlag GmbH & Co. KG,
München

Umschlagkonzeption: Kochan & Partner, München
Umschlagfotos:
Vorderseite: Friedrich Strauß
Rückseite: Sylvia Bespaluk

Programmleitung Garten und Lektorat:
Dr. Thomas Hagen
Lektoratsassistenz: Rita Meixner
Herstellung: Hermann Maxant
Layoutkonzept Innenteil: griesbeck design,
Dorothee Griesbeck, München
Layout: Uhl + Massopust GmbH, Aalen

Gedruckt auf chlorfrei gebleichtem Papier

Printed in Germany

ISBN 978-3-8354-1094-7

Hinweis
Das vorliegende Buch wurde sorgfältig erarbeitet. Dennoch erfolgen alle Angaben ohne Gewähr. Weder Autoren noch Verlag können für eventuelle Nachteile oder Schäden, die aus den im Buch vorgestellten Informationen resultieren, eine Haftung übernehmen.

Das große Standardwerk für Balkongärtner!